性的同意は世界を救う

子どもの育ちに関わる人が考えたい6つのこと

時事通信社

はじめに① ―― 本書ができるまでの経緯と刊行の目的　斉藤章佳　6
はじめに② ―― 性犯罪加害者臨床において包括的性教育を実施して見えてくるもの　櫻井裕子　12

第1章

今日から性の「言語化」を始めよう　23
「語り」を奪われがちな性加害者たち　24
「男らしさの呪い」が「語り」を遠ざける　27
親の「聞く力」の重要性　29
どんな話でも否定しないで、口を挟まずに聞く　31
最初は子どもが下品な言葉で性を表現しても構わない　32
知識を伝えられなくても、子どもと性を語れれば十分！　36
子どもが日常で「本当の自分」を見つけられる手助けをする　40
親の過剰な性的嫌悪が子どもに与える影響　43
性欲にブレーキを掛けられるようになって思春期を迎えるという事実　44
性欲を感じることを不安にさせない　45
性欲、勃起、射精の思い込み　47

性欲よりも「支配欲」が危険 50
性加害の犯罪性を薄めるような社会の風潮 52
「歪み」を歪みとして捉えられる力を育む 56

特別COLUMN――賞味期限切れのサンドイッチ 60

第2章

AVとの付き合い方を考える 67
子どもが性を学ぶツールはほぼAVという現実 68
はじめて見たAVの衝撃で人生が変わってしまった性加害者の話 72
ポルノを見る前に男の子に伝えていきたいこと 74
AVで新たな「条件付け」が生成される可能性も 75
スマホが劇的に変えた子どもたちをめぐるポルノの環境 77
私たちのセックスはAVに影響を受けている 80
AVを見て感じる「男根コンプレックス」 82

女性の膣について理解できるとコンプレックスから解放される 84
女子もAVの影響を受けている 87
「男らしさ」「女らしさ」から脱して生きる 89

第3章

ソロプレイ（マスターベーション）を大切にする 93
性依存症者に必ず自慰行為の回数を聞く理由 94
ソロプレイそのものではなく、「強迫的な自慰行為」が問題 97
性依存症患者に「オナ禁」をすすめた結果 99
自分の自慰行為を言語化する 102
ソロプレイについて子どもたちに最低限伝えたいこと 105
子どものソロプレイが不安な保護者の方へ 108
ソロプレイの原点 111

第4章

「人間関係」の距離感をつかむ 117
性について突き詰めていくと「人間関係」と「家族」に行き着く 118
人との触れあいを「気持ち悪い」と感じる性加害者 119

加害者家族に多い「母子密着で父親不在」というモデル 120
まずは親が自分の人生を大事にすること 123
子ども時代に必要なことを経験することの重要性 129
子ども時代に自然に「自助グループ」を経験しておく 130
女性の月経を理解できる男子を育てる 133

第5章

セックスを自己決定する力をつける 137
セックスに対する男女の認識の違いを知る 138
セックスしてよい基準はどこにある？ 140
失敗してもよいというメッセージも必要 143
「不幸にしないための性教育」ではなく「幸せになるための性教育」を！ 146
「ゼロトレランス」と「ハームリダクション」 149

第6章

誤った「男らしさ」を手放す ―― 父から息子たちの手紙 155

おわりに 172

はじめに①――本書ができるまでの経緯と刊行の目的

斉藤章佳

性加害者臨床×包括的性教育

「先生、僕たちの性の教科書はAVでした。今からしっかりした性教育を受けたいです」

これは榎本クリニックで行っている性犯罪再犯防止プログラムに長年参加している当事者からの切実な訴えだった。

このプログラムには、痴漢、盗撮、露出、子どもへの性加害、レイプ、下着窃盗など多様な性加害の問題を持った当事者が「今日一日」性を使った暴力を行わない生き方を続けるために通院をしている。

少し古いが、警察庁の統計に以下のようなデータがある。

警察庁科学警察研究所が1997～98年、強姦《ごうかん》や強制わいせつの容疑で逮捕された553人に行った調査では、33・5％が「AVを見て自分も同じことをしてみたかった」と回答した。少年に限れば、その割合は5割近くに跳ね上がる。

ポルノ問題に詳しい中里見博大阪電気通信大教授（憲法）は「女性や子どもを『モノ扱い』する過激なAVは、性暴力を容認する価値観を、見る者に植え付けかねない」と指摘。それらを簡単に見られるインターネットの普及で、危険性は高まっていると警鐘を鳴らす（2015年11月16日西日本新聞「性暴力の実相第2部（3）過激なAVお手本に」https://www.nishinippon.co.jp/sp/item/n/207527/）。

ある事例を紹介したい。

女子学生の制服を精液で汚すことをやめられないAは、初診時にこんなエピソードを話してくれた。

「私は中学生のときに生まれてはじめて見たAVで、嫌がる女子生徒のセーラー服のスカートに射精をするシーンに激しく衝撃を受けました。当時の体験は、今でも鮮明に記憶していますが、まるで『脳内を電撃が走った』かのようなすさまじい衝撃でした。しかも、その映像ではスカートを汚された女子生徒は最後は満面の笑みを浮かべ、喜んでいたんです。そのとき私は『スカートに射精されて喜ぶ女もいるんだ！』という大発見をしました。私は、あの映像と出合わなかったら、こういう性嗜好は芽生えていなかったかもしれません。私は、その後同様の行為を高校生からやるようになり、20歳の時はじめて逮捕され、その後もやめることができず複数回刑務所に行っています」

Aは、最後に受刑した刑務所で信頼していた教育専門官から、出所したら専門のクリニックを受診したほうがいいと強くすすめられびっくりしたそうだ。これは、自分で性欲がコントロールできないという意思の問題ではなく、性的な依存症の問題だったんだとそのときはじめて知ったからだ。

このようなエピソードは加害者臨床の現場では枚挙にいとまがない。私はおぼろげながら「加害者臨床」と「包括的性教育」というふたつの領域がコラボできるような取り組みができないだろうかと考えるようになった。

そんなある日、朝日新聞でこんな記事が目にとまった。

「『失敗だらけの人生だから…』経験交え、学校で『性』を語る助産師」（2022年1月11日）

私は直感的に「この人しかいない」と思った。

その名は、全国の学校などで子どもを中心に性教育を行っている助産師の櫻井裕子さん（通称おかみ）。

確か以前どこかのセミナーでご挨拶してFacebookでつながっていたはず。私はすぐにメッセージを送った。

「大事な話があるのでクリニックに来てください。」

かなり唐突だったと思うし、ご本人はいったい何の話があるんだろうと思われたに違いない。だいたい私は何か新しいことを衝動的に始めるときはいつもこんな感じだ。

「加害者臨床で包括的性教育をやりたいです。なので、力をかしてください。そして、このプログラム名は『性的同意は世界を救う』プロジェクトにしましょう。」

引き受けてくれることが前提のご依頼に相手は呆気にとられながら「Yes」と言ってくれた。

そして、振り返ること2022年9月17日(金)に、おそらく日本初であろう性犯罪再犯防止プログラムにおける包括的性教育の取り組み「性的同意は世界を救う」プロジェクト（以下、本書では「再犯防止プログラム」あるいは「プログラム」と表記する）は産声をあげた。

男子の子育てをしている保護者に役立つ知見を抽出

この本は、このプログラムを2年間実施し見えてきた、性暴力の加害者になった男性の思考・行動の傾向、そして、そうならないために何が有効なのかということの議論をまとめたものである。

もちろん、性加害者への包括的性教育というサンプルは、極めて特殊なケースであることは重々承知である。しかしながら、追って詳しく見ていくが、性加害者たちの実態は、多くの一般の方たちが想像しているであろう、「性欲が異常に強く、抑制が効かないモンスター」というわけでは決してない。加害者臨床の視点からは、むしろ、何らかの要因で生きづらさやコンプレックス、困難さを抱え、「自己治療」の手段として、加害するといったケースのほうが目立つ。

つまり、誤った「自己治療」やストレス・コーピングの手段を選択しているというのが、多くの性加害者の姿であるというのが私の実感である。

そうであれば、治療環境の調整や再犯防止スキルを身につけることは言うまでもなく、生きづらさを少しでも軽減し、さらに、性暴力を自己治療の手段とするのはいけないことであるという再学習が達成できれば、性加害から距離を置くことは可能となるはずというのが、私たちの結論である。そして、この本は、得られた膨大な結論の中から、男子を育てている保護者などに役立つ知見にフォーカスして、6つのテーマでお届けするものである。その内容を先に示すと、

①性を「言語化」する
②AVとの付き合い方を考える
③ソロプレイ（いわゆるマスターベーション）の不安を取り除く
④子どもが「自立」できる人間関係を築く
⑤性を自己決定する

⑥誤った「男らしさ」から解放される

という6つである。

なお、性犯罪の加害をするのは99％（シス）男性であることや、プログラムに参加している人は100％男性であることから、本書は、男子／男性へのメッセージに特化している。

ぜひ多くの関係者にこの本を手にとっていただき、子どもたちを性暴力の加害者にも、被害者にも、傍観者にもしないためには何が必要かを話し合うきっかけにしてもらえたら幸いである。

はじめに②——

性犯罪加害者臨床において包括的性教育を実施して見えてくるもの

櫻井裕子

性暴力とは何か

「はじめに①」で斉藤さんが述べた通り、私たちは2022年9月から性犯罪再犯防止プログラムにおいて、「性的同意は世界を救う」をテーマに包括的性教育に取り組んできた。本書では、まず、私たちがどんなことに取り組んできたのかを、整理しておきたいと思う。

そもそも性暴力とはどのようなものなのだろうか。内閣府男女共同参画局のホームページ「性犯罪・性暴力とは」には、「あなたのからだとこころは、あなた自身のものです。いつ、どこで、だれと、どのような性的な関係を持つかは、あなたが決めることができます。同意のない性的な行為は、性暴力であり、重大な人権侵害です。」と記されている。

性暴力は「性」を使った暴力であり、重大な人権侵害だ。その中で法律に反した行為を行っているとみなされたものを性犯罪と呼ぶ。犯罪を行った者を「行為者」と呼び、一般的には「加害者」

と呼ぶことが多い印象を受ける。刑事訴訟ないし刑事訴訟法においては、犯罪を行った者を「犯人」や「犯罪者」と呼ぶが、加害行為を行っても有罪が確定しなければ推定無罪の原則により「加害者」であっても「犯罪者」ではなく、「加害者」と「犯罪者」は必ずしも一致しない。さらに、刑期を終え再犯防止のためにプログラムを受講している人たちを「加害者」と呼び続けることへの疑問から本書では、「加害者」のほか、「（プログラム）参加者」などと表記することを付言する。

性暴力の中には接触を伴う性暴力と、接触を伴わない性暴力がある。接触を伴う性暴力として代表的なものは、不同意わいせつ、不同意性交、痴漢などがある。接触を伴わない性暴力として代表的なものは、盗撮、露出、公然わいせつ、下着窃盗、ＳＮＳを使ったものがある。

２０２３年に性犯罪に関する刑法が、下記のように一部改正された。

①強制性交等罪が「不同意性交等罪」、強制わいせつ罪が「不同意わいせつ罪」へ（改正）

「暴行／脅迫」「心身の障害」「アルコール／薬物」「睡眠／その他の意識不明瞭」「不意打ち」「恐怖／驚愕」「虐待」「地位の利用」などが原因となって、同意しない意思を形成したり、表明したり、全うすることが難しい状態で性交等やわいせつな行為をすると、「不同意性交等罪」や「不同意わいせつ罪」として処罰される。

②性交同意年齢が「16歳未満」に引き上げ（改正）

16歳未満の子どもに対して、性交等やわいせつな行為をすると、「不同意性交等罪」や「不同意わいせつ罪」として処罰される（※）。

③面会要求等罪（新設）

16歳未満の子どもに対して、次の行為をすると、処罰される（※）。

・わいせつ目的で、うそをついたり金銭を渡すと言うなどして、会うことを要求する。
・その要求の結果、わいせつ目的で会う。
・性的な画像を撮影して送信することを要求する。

④性的姿態等撮影罪（新設）

・正当な理由なく、人の性的な部位・下着などをひそかに撮影する。
・正当な理由なく、16歳未満の子どもの性的な部位・下着などを撮影する（※）。
・撮影した画像を人に提供する。

※相手が13歳以上16歳未満の場合は、行為者が5歳以上年長のとき

⑤公訴時効期間が延長（改正）

時効期間は、被害に遭ったとき（18歳未満の場合は18歳になったとき）から、

・不同意性交等致傷罪など↓20年
・不同意性交等罪など↓15年
・不同意わいせつ罪など↓12年

※2024年現在時効撤廃に向けて運動している複数の団体がある。

私が「性的同意は世界を救うプロジェクト」に参加した理由

10代後半の頃、当時暮らしていた学生寮に深夜男が押し入り、ナイフで脅され服を脱ぐように言われた経験がある。幸いにも他の寮生に助けを求めることができ、その場で警察に通報し、ほどなくして男は逮捕された。そのときは頬に小さな切り傷を負っただけで、それは特に処置を要さないものだった。男は当時中学3年生、「深夜のラジオでレイプに成功した体験談が流れていて、その通りに実行した」と供述したそうだ。その後少年院に送られたと担当刑事に聞いた。

長いことずっと私自身が忘れていたこの一件を、突然思い出したのは性教育を学んだことがきっかけである。今では、このようなラジオ放送はあり得ないが、当時は規制もメディアの認識も緩く、

随分とひどい内容のラジオ放送が特に深夜帯には垂れ流されていた。私がこのエピソードを長い間忘れていたのは、被害後に受けた激しい二次被害が理由である。周囲の人々に繰り返し「鍵をかけずに寝ていたから」と責められ、他の学生に迷惑をかけたことを謝罪するよう求められ、「何もなくてよかった」「もう忘れなさい」と言われ続けたことで、自分自身に「なかったことにしよう」と封印させたのだ。

今では多くの人が「二次被害、二次加害」という言葉を知っているが、これは間違いなく、勇気ある当事者が、傷つきながらも声をあげ、改善を求めてきた結果である。そして、私は、こういった積み上げの一助になればと願い、性教育をライフワークとしている。

このような理由から「性犯罪加害者臨床で包括的性教育を取り入れたい」と斉藤さんよりお申し出頂いたときは、一も二もなくお引き受けした。加害者がいなければ被害者は生まれない。10代の頃の自分に寄り添い、癒すことができる機会かも知れないとも考えたのだ。

プログラムの実際

2022年9月より2024年11月までのプログラムの一部を記す。なお、本書における参加者の発言などは著者らが解釈したものであり、個人が特定されないよう大幅に編集を施している。

・参加者の概要

10代から80代までの男性。不同意性交、不同意わいせつ、痴漢、盗撮、露出、下着窃盗、強迫的性行動症（セックス依存）、長年に渡る不倫などの問題行動や加害を繰り返し、逮捕歴、受刑歴あり、もしくは執行猶予中、保護観察中、家族や親族、警察官からの勧めでクリニックに通院する人、問題行動の質によっては家族から関係を維持する条件として通院を強く勧められ来ている人もいる。

・通院頻度と取り組み方

通院の頻度はリスクの程度により、週に1回から6回。通院の日は朝9時から19時までの10時間、デイナイトケアという枠組みの中で学校のようにチャイムで区切りながら90分間の様々なプログラムを受講する。

私が参加しているのは「性」の問題を抱えた方々だが、別のグループではアルコールや薬物、ギャンブル、万引きなどの依存症を抱えながら、それぞれの問題に向き合って、グループワークを通して共に学び、回復に向けて取り組んでいる。

プログラム参加者は入れ替わることがあり、新しく参加した方には「性教育のイメージ」や「受講歴」を聞くことにしている。それによると、参加者のほとんどが性教育を受けた記憶がなく、少数の「受講した」とする人でも「保健の時間になんとなく」程度の記憶であり、ほぼ全ての人が学校での教育に興味をもてなかったと語った。

「性やセックスについてどこで知ったか」を問うと、雑誌、マンガ、ポルノ等が挙げられ、親戚や友人、先輩からもらったり借りたりして入手したとする人が多く、中には万引きで手に入れた雑誌によって、セックスとは何かを知った人もいた。

・プログラムの冒頭

場所は会議室のようにロの字に机と椅子が並んだデイケア・ルーム。12人まで座ることが可能だが、私と斉藤さんを加えると席が足らなくなることもしばしばある。その際は外側のテーブルで受講する。

プログラムは毎回「近況報告」から始まる。前回のプログラムから今回までの間に起こった出来事を参加者全員で共有する。「言いっぱなし聞きっぱなし」が原則となっており、言葉を遮ったり促したり感想を述べたりせず、誠実に、話している人に耳を傾ける。ときに再犯リスクが高まっている心情が吐露されることもあるが、それに対して誰かが意見することはない。再犯防止のためにクリニックとして必要な介入は行われるものの、プログラムの間は「最後まで話す」「最後まで聞く」のが原則となっている。

・プログラムの流れ

近況報告の後、その日のテーマに沿ったプログラムに入る。おおよその進行は以下の通り。

①テーマに沿ったレクチャー、事例検討、もしくは本の読み合わせ
②2人ないし3人程度で感想を共有
③質疑応答及び全体でシェア
④まとめ

対話を通して、ときには実技を交えて進行する。活発に意見を述べる人、聞き役に回る人に分かれるが、原則的には、働きかけ、強制的に発言を促すことはせず、あくまでも自由意志で参加することを大切にしている。どのテーマでも前のめりで参加する人が多く、意見交換は活発である。

・プログラムで扱ったテーマ

テーマの設定は参加者からのリクエストや、メディア等で取り上げられているニュース、私が体験した出来事や対応した事例に関連することなど、できるだけタイムリーな話題を優先的に取り上げている（次頁参照）。クリニックに向かう途中、駅で盗撮をした人が私の目の前で逮捕された日は、事前に決めていたテーマを取りやめ、「逮捕の瞬間」について語り合う時間としたこともある。

基本的な身体のしくみ（月経・射精・妊娠）、男性器への囚われ、男根コンプレックス、男性器のしくみ、女性の捉え方、性的同意（大切な人との間の性的同意）事例検討複数回、逮捕の瞬間何を感じ考えたか、男尊女卑なのか女尊男卑なのか、生命の安全教育について複数回、加害後の「恋愛」「結婚」、避妊について複数回、『射精責任』（著・ガブリエル・ブレア／太田出版）を読み合わせてディスカッション複数回、性教育と性暴力、からだの権利を考える、拙著『10代のための性の世界の歩き方』を読み合わせてディスカッション、AVがもたらすもの、児童虐待第20次報告を読んで、性的同意（関連動画を視聴）

プログラムで期待できる効果

性加害をした人に対する包括的性教育は、個人の行動の変容を促し、再発防止を目指すための重要な要素だが、2年程度の取り組み結果から「包括的性教育を受けることで再犯率が下がる」と安易に断言はできない。効果検証についてはもっと大規模に行う必要がある。

ただ、多くの参加者が意欲的にプログラムに参加しており、中には仕事を（年休等取って）休んで参加している人もいる。逮捕歴のある彼らにとって仕事に就くこと、継続することはとても難しく、また重要なことだが、それを休んでも参加したいプログラムは治療への取り組みや通院を継続する意欲向上に寄与していると考えられる。

包括的性教育を通じて再犯防止の効果を期待できるものを以下に列挙する。

1 性的同意の理解

本プログラムが「性的同意は世界を救うプロジェクト」であるため、最も効果を期待したいテーマである。またこれは、包括的性教育の重要課題であり、近年世界中で注目されているテーマであるとも言われている。

2 他者への尊重と共感の育成

詳細は本文で述べるが、関西学院短期大学の小山顕氏は、バウンダリー（自他境界線）を、文字通り自分と他者との境界線であると説明し、自分がどこから始まり、どこで終わるのか、他者はどこから始まるのか明確にする役割を果たすとしている。バウンダリーを守ることは、単に距離を取るだけでなく、これを機能させることにより、自らの領域にある自らの身体、態度、感情、行動、考え、能力、願望、選択、限界などに対して責任を取ることができるようになり、他者の領域を真の意味で尊重し、その結果、相手を自分自身とは異なる自立した一人の人格として程よい距離を保ちながら尊重するという健全な人間関係を築くことを可能とする。性暴力とは、他者のバウンダリーを同意なく侵害することに他ならない。バウンダリーの理解は加害した人にとって大変重要なものであり、バウンダリーを機能させるためにアタッチメント（養育者と児の間で形成される愛着）とボンディング（養育者が児に対して抱く「愛しい」「守ってあげたい」「大事にしたい」などの愛情・情緒的なきずなであり、アタッチメントの基盤となるもの）双方の形成は欠かせない。

包括的性教育は、肯定的な価値観を育み、健康的な人間関係を築くために不可欠な学びである。性的同意の理解や他者への尊重、共感の育成は、性暴力や性犯罪の再発を防ぐ可能性があり、過去に加害行為を行った人々にとっても、周囲の大切な人々との良好な関係を築く手助けとなり、充実した社会生活を送ることに寄与するはずである。性犯罪の加害をした者に対して包括的性教育を実施することは、社会的に重要な意義を持つと考える。

また、ここで実施したプログラムの内容などを、本書を通じて社会に共有することで、性加害・性被害を防ぐ一助となることも期待できる。以下、本文の6つのテーマを、読者の方々にも考えていただけると幸甚である。

第1章

今日から性の「言語化」を始めよう

加害者臨床では、「語る」ことを非常に重視します。なぜなら、自分が何を考えているのか、感じているのかを言語化することで、加害の要因を探り、さらには再発防止のために必要なことが見えてくるからです。一方、子どもたちの性を取り巻く現状を鑑みると、自分や他者の性を語る機会というのは非常に限定的です。著者の二人は、学校や家庭で、子どもたちが性に関する事柄を口にした際に、それが例え一見「下品」な表現だとしても、大人は一旦受け止め、導くことの重要性を指摘しています。

櫻井　2022年9月から、プログラムを始めました。

斉藤　プログラムを始めた当初から、いつか書籍にしようと言っていました。どんなふうに展開するかもわからないのに（笑）。

でも、講演会などで保護者の方から一番よく聞かれるのは「わが子を性犯罪者にしないためにどうすればいいですか」ということです。

櫻井　むずかしい質問ですよね。

斉藤　はい。私たちのクリニックでは、加害者家族支援の一環でグループミーティングを開催しています。母親の会、父親の会、妻の会が独立して運営されていて、現在までに1000名を超える家族が参加しています。妻の会では夫が性犯罪事件を起こしています。すると、「息子を夫と同じような性犯罪者に絶対したくない」という話がよく出てきます。

櫻井　気持ちは本当によくわかります。

斉藤　学術的に言うと、犯罪心理学の中に「セントラルエイト」という考え方があって、性犯罪の再犯リスクを高める8つのリスクファクターが示されています。

①犯罪歴、②不良交友、③反社会的価値観、④反社会的パーソナリティ、⑤家庭内の問題、⑥学業・

仕事上の問題、⑦薬物・アルコール使用、⑧不健全な余暇活用の8つです。要は、そういう8つの要素を複数持っている人は性犯罪の再加害リスクが高くなるという評価のツールです。ということは、これらを避ける子育てをすればよいのかと言えば、そんなに単純なものではありません。8つの要素から完全に隔離するためには、極端な話子どもを部屋に閉じ込めておくしかありません。子どもたちも生きていれば、不良な交友関係も出てくるし、家庭内の問題、学業の挫折体験、物質使用の問題などいろんな影響を受けます。

櫻井　「無菌状態」にできないのが、子育てです。

斉藤　そういう意味では、残念ながら、性犯罪者にしない子育ての明確な解というのはありません。ただ、被害者と加害者の修復的対話プログラムなどを通じて感じるのは、性犯罪の加害者は、どこか麻痺しています。自分が何を感じているかわからないし、相手をモノのように見ている。つまるところ麻痺というのは、感情の言語化がうまくできないということです。一方で、被害者の人たちはトラウマの後遺症から過覚醒します。「加害者は麻痺し、被害者は覚醒する」。これが性暴力加害・被害の一つの特徴です。

そして、これは性加害者に限らず依存症全般に言えることですが、言語化する能力や外在化する能力の高い人のほうが多くの仲間とつながることができ、回復可能性が高いと考えています。これは意味なくお喋りするという意味ではなく、自分の中で起きていることを正確に言葉として表出できるスキルがあるということです。その視点で見ると回復は不平等であると言えるかもしれません。

でも、そうした言葉の獲得は一人では難しく、やはり受け止める他者が必要です。ですから、プログラムの中で仲間とともに共感やわかちあいを通し日々トレーニングをするのです。仲間の中で、失われた言葉を獲得すると言ってもいいと思います。

やはり「語る」ということがすごく大切です。性加害を防ぐ子育ての唯一の方法とはなかなか言い切れないのですが、一つのヒントとしては、やはり「語る」ことが挙げられると思います。子どもの経験していることと気持ちを考え、お互いの感情をわかちあう。人は語れないときに、加害行為が亢進します。自分を語る言葉の豊かさをどのように獲得していくかが、性加害を防ぐ子育てのポイントかなと考えています。

櫻井　性的なものや危険なものから「隔離」し続けるのは無理なので、性的なものとうまく付き合える力や、自分の中の欲求を認めて言語化する能力を身につけていくっていうのが一つの方策ですね。

斉藤　そうですね。加害者の中には、加害のもっと前の段階で、語ることを奪われるという被害経験を持っている人もたくさんいます。いわゆる「小児期逆境体験（Adverse Childhood Experience＝ACEs）」です。代表的な10項目として、家族内に精神疾患や自殺未遂を繰り返す人がいる、心理的虐待、身体的虐待、性的虐待、ネグレクト（身体的・心理的）、親との早期の離別・死別、家族の依存症の問題、服役している家族がいたなどがあります。現代的な逆境体験の一つとして、度を越えて勉強させられる「教育虐待」も入るでしょう。これら18歳までに経験する逆境体験の影響で、自分が何を感じているのか言葉にするという作業を安全な環境でできなかった人や、それを抑えられてきた人たちがかなり多いという臨床的な実感があります。

ですから、もっと性の問題以前に、生きづらさの根っこには何があり、自分は何を感じていて、どうしたいのかなど、「自分のニーズ」を理解する力が必要です。

「男らしさの呪い」が「語り」を遠ざける

櫻井　プログラムでは、冒頭に近況報告をします。そこでは、端的に、軽快に話せる人もいれば、そうでない人もいます。

私はこういったことの専門家ではないのですが、後者の人が話すとき、さっき斉藤さんがおっしゃった、「チャンスを与えられてこなかった人たち」「奪われた人たち」の様子を垣間見る瞬間な気がします。

斉藤　みんな水を得た魚のように喋ります。休み時間も仲間と雑談するメンバーが多いです。やはり男の子の発達のプロセスの中で、安全な否定されない環境で話したり雑談したりする機会が、相対的に少ないのではないでしょうか。「泣くな、男だろ」「男のくせに」みたいな、「有害な男らしさの呪い」で、感情を抑制されてきたのではないかと思います。特に私よりも上の世代では、昔から「男は背中で語る」とか、「男は黙って行動で示す」というのが男らしさの象徴的なイメージとして共有されてきました。

櫻井　家庭で男子に、「強くなってほしい」と思って、こうした声かけをしている人はいると思います。保護者自身がそうされてきたかもしれません。でも、過度に感情表現を禁止すると、悩みや自分の弱みも開示できなくなってしまいかねません。自分の負の感情をはっきり認識できないと、他人の痛みにも鈍感になってしまいます。冒頭で斉藤さんは、加害者はどこか麻痺していて、被害者をモノのように見ているとおっしゃってましたが、通じるものがあるような気がします。

斉藤　ですから、そんな有害な男らしさにとらわれて生きてきた彼らが参加するプログラムでは、まずは自分の弱さを言語化することを大事にしています。ここでいう言語化とは、自分の中にわきあがる感情や思い出したつらい体験を、言葉と一致させて、口から発し、それを仲間に受け止めてもらって、うなずいて共感してもらってというプロセスまですべて含みます。一般的に、女性より男性は、こうした感情を言語化する経験を積み重ねてきた人は少ないのではないかと思います。

例えば、昔は学校の運動会の練習でも、危険で痛みをともなう組体操や騎馬戦をするのは男子だけみたいな棲み分けがありました。ただ黙々と痛みに耐えて、麻痺させて、つらい練習に耐えるとか、気合と根性という精神性とか、そういう作業に慣れている男性は結構います。だから、プログラムにつながったら堰を切ったように話す。「なるほど」と自分と同じ立場の人と共感する。みんな実は話したいのです。

親の「聞く力」の重要性

櫻井　今の話を受けて思うのは、周囲の大人の「受け止める力」の重要性です。多くの人が気にするのは、「親として子どもにどう働きかけたらいいか」というものです。私も「加害者にならないためにどうしたらいいですか」とよく聞かれます。子どもに働きかける前に子どもの声を受け止めることが必要です。性教育講演を通して、子どもたちは頭ごなしに否定せず受け止めてくれる人に発信すると感じます。

受け止めるってとても辛抱が必要で簡単にはできないことです。実は働きかけるほうが楽かも知れません。そして効果がありそうに見えます。だから「働きかけなきゃ」って思ってしまう気持ちも理解できます。

「うちの子は何も話してくれない」も同じような理屈だと感じます。その前に、「子どもの話を聞いているか？」を見直す必要があるかも知れませんね。聞いてくれない人には話さないですから。

個別相談に来てくれた子に、「親に相談できる？」と聞くと、「うちの親は聞いてくれる人じゃない」

と返って来ることがよくあります。当の親のほうは子どもが心配でたまらず、それを先に言葉にしてしまっているだけなのだと思いますが。

斉藤　性教育を学ぶ前に、私たちは、そういう聴く力や姿勢を身に付ける必要がありそうですね。

櫻井　私は産後ケアをおこなっています。その現場で言葉を獲得していくには、家の中での対話は重要だと実感しています。

　乳幼児期の言語の発達には模倣がとても重要です。対話がふんだんな家と、そうでない家では言葉の獲得に違いが出ることがあります。発達上の特性があるときにはこの限りではありませんが。印象深い事例がありました。高校在学中に休学して出産した方の事例です。保護者との関係がよくなく、妊娠中も産後も支援が受けられず、パートナーは妊娠がわかってすぐいなくなってしまいました。彼女は一人で産み、育てる決意をしました。心配事が尽きない事例でしたが、モロモロの心配事に関してはここでは省きます。その彼女の一人目のお子さんが2歳になったときに、再び妊娠しました。そのとき、2歳の上の子はほとんど言葉が出ていませんでした。2歳だと2語文が出て、自分の要求をある程度言葉にできるようになったり、簡単な質問に答えられるようになったりする時期です。自治体で行われる1歳半健診などでも言葉の遅れを指摘されていて、専門機関に行くよう促されたのですが、彼女はそれに従いませんでした。どこへ行くにもお金と時間が必要なのも理由の一つだったと思います。出産後に聴覚の検査は受けて、問題ないことは確認していました。

そんな中で二人目のお子さんが生まれたときには新しいパートナーと一緒に暮らし始めて、赤ちゃんのお世話もあるため家の中で飛び交う言葉の量が圧倒的に増えたのです。すると、２歳の子がメキメキ話せるようになりました。家の中で人が話していることが、言葉の獲得には重要だと再確認した事例でした。

噛みついたり引っ掻いたりして周囲を心配させる幼児でも、話せるようになると落ち着くこともあります。人は言葉で自分のストレスを相手に伝える術を獲得すると、周囲とのトラブルも減るのだろうと思います。斉藤さんがよくおっしゃる「言語化能力の高い人は回復可能性が高い」というのと、通じるものがありそうです。

どんな話でも否定しないで、口を挟まずに聞く

櫻井　プログラムでは、参加者は過去のことも現在のことも正直に話します。こうしたことができるのは、プログラムで「言いっぱなし聞きっぱなし」というルールがあるからです。安心・安全な環境でないと、人は正直に話せませんせん。

斉藤　プログラムでは、「今日人を殺すかもしれません」って言ったとしても、否定されることはありません。不快に感じる読者の方も多いでしょうが、例えば「今日すごくイライラしてて、昔み

たいに女性を夜道で襲ったらすっきりしそう」というのが本音で、実際にそれを口にしても、みんな神妙な顔でうなずきながら「そう感じるときもあるよね」と聞いてもらえます。それで何とか踏みとどまれることもあるわけです。言語化と衝動性は対極にあります。

これを内に隠しながら、自分の感情を言語化せず、気づかないふりをして、酒でごまかしたり、処方薬でごまかしたりという作業を繰り返していると、どこかに引き金があったらこころの中にある満杯になったコップから、水があふれ出します。コップの水は濁るので定期的に入れ替え作業が必要です。否定されずに言語化できる環境があるっていうのは、すごく大事なんです。

櫻井　自分の子育てをふり返ると全くできおらず反省しまくりですが、負の感情でも言語化してくれた子どもに対しては、「よく話してくれたね」とか「つらかったんだね」とか受け止める必要がありそうですね。それは「泣くな。男の子だろ」といった言葉掛けとは、正反対のものだと思います。

最初は子どもが下品な言葉で性を表現しても構わない

斉藤　櫻井さんは、性教育で学校現場によくいきますが、そこでの大人と子どものやりとりはどんなふうに見えていますか。

櫻井　今の大人もほとんど性教育を受けていないので、性教育そのものに緊張感を持っていることが、まだまだあると感じます。子どもたちの反応や発言にハラハラして、講師である私に「失礼のないように」と気遣いから先生が発言を止めてしまうことがあります。ときには叱責されることもあります。

例えば性器の形状の質問です。「友だちのことなんですが」と、あるあるな前置きがあります。当然、周囲はみんなわかって聞いています。なんというか……お作法のような感じですね。「友だちのあそこが小さいらしくて」と続きます。「あそこ」とはペニス、教科書には「陰茎」と表記されています。「ペニス」や「陰茎」という身体の部位を正確に言えない子が実際、いるんです。大人でも「恥ずかしくて言えない」って方もいらっしゃいます。少々絶望的な気持ちになります。でも、それよりもっと大きな絶望は、その質問を遮る先生がいらっしゃることです。「そういう下品な質問はやめなさい」と。下品に見えたのは質問した生徒がニヤニヤしていたからだと思います。ここで少し考えたいです。自分の性器の形状について正しく表現できない状況、ニヤニヤしないと言えない状況、これは一体誰が作ったんだと。制する先生を制して（笑）、「本当に友だち思いの子が多い学校ですね」とまず返すとほっとしたような笑いが起こります。これは、「通じた感」を確認したためだと思っています。その後「ペニスのサイズにコンプレックスがあるんだね？　友だちは？」と「友だち前提」を崩さないように配慮し（笑）、ペニスサイズにコンプレックスを抱いている人は多くいることを伝えます。大人でもそうなのだということも添えます。そして、どのくらいのサイズであれば問題ないのかを、いくつかの方向で説明するととても安心します。それにより「あそこ」としか言えなかった子が「ペニス」と言葉にできるようになり、ニヤニヤしないで話せるようになり、最後は自分の悩みであることも認められることもあります。最後まで「友だち」の設定のままなこともありますが（笑）。大人がこのプロセスを理解していれば、この話題は「下品な質問」と遮られることはなくなります。

加害者プログラムを通じて、対話力がとても重要だと再確認しています。言葉が足りなくても少々粗くても、子どもたちには話してほしい、発言してほしいと思っています。ニヤニヤしないと話せなかったこと、話してみたら、適した言葉で返ってきて、「自分が言いたかったのはこれか」と確認していく作業ができるのは、すごく大事だと考えています。

斉藤　「適した言葉」は、どう伝えますか？

櫻井　どんな表現でも一回受け止めます。例えばペニスを「あそこ」とか「ちんこ」とか、ニヤニヤとセットで言われた場合、ニヤニヤには付き合わないようにしています。ここは極めて真面目な表情で。学習の場ですから、「教科書には陰茎って書いてあるね」などと説明します。普段から性の話題を笑いとともに消費していると感じることも多くあります。そんなときはことさら真顔で返すようにしています。

コンドームと言えなくて、「ゴム」と言うのも同じですね。「ゴム」って言われたら、「コンドームのこと?」と返していくようにしています。わが家では子どもたちが髪をしばるゴムを求めて「ゴムない?」と聞いてきても「コンドーム?」と返してウザがれました。これは余談です（笑）。ちなみに、「避妊具」と言われた際も、同じように「コンドームのこと?」と聞きなおします。なぜなら、コンドームは「避妊」よりも、性感染症予防のアイテムと捉えたいからです。避妊具と言ってしまうと男性同士のセックスのときには不要とされてしまう可能性が出てきます。

斉藤　なるほど。コンドームと避妊具という言葉一つで、伝わる意味がかなり違いますね。大人がこうしたことを学ぶチャンスが欲しいですね。大人がすごく凝り固まった価値観をもっていて、性に関しての話題が出るとすぐハラハラしてしまう。質問が飛ぶたび「いつ止める」みたいな感じになっている。性教育の空間では、大人の役割は止めるのではなくて、自分もきちんと聞くということが浸透してほしいと思います。

櫻井　聞いてもらえるということは、受け入れられているということです。共感できるかどうかは後から判断するとして、まずは受け止めて最後まで聞くことが大事だと思います。さっきの話にも通じるのですが、家庭や学校の中でこういう時間があったら、もっと話せる人になり、もっと正直に言ってくれるかもしれないなと思います。大人が途中で話に入って、大人の価値観を入れてしまうと、大人ウケする話しにするので。いわゆる「賢い子」たちからは、なかなか本心が聞けないです。あるいは、大人がとことん語って、子どもが聞く機会もアリかもしれません。

斉藤　でも、例えば学校の先生がミーティングのグループで自分の性の話をすると、そこからいろんな話が、尾ひれがついてしまう可能性はありませんか。学校が、先生にとって性の話をして安全な場所なのかと言うと、結構厳しいように感じますが、現場を知っている立場からしてどうですか？

櫻井　確かに、日ごろから常に関わっていらっしゃる先生方と、外部講師でそのときにしかいかない私のような立場の者では全然違いますね。でもそれも工夫次第だと思います。私は、自分の話を赤裸々にすると言われることがあります。学生時代の妊娠の経験（144頁参照）などを語り、失敗したことも話しています。でも、私は、セックスの体験やソロプレイ（マスターベーション）のことなどは、今まで一回も話したことないです。

言いたくないことは言わなくていいのです。それでも、伝えられることは、たくさんあるはずです。だって大人は子どもたちよりも断然多くの経験をしているわけですから。ここは話してもいいと思うことを工夫して話せばよいと思います。効果的に戦略的に。そして、それがきっかけで子どもたちが話し出したときに、止めない、怒らないという態度は必要だと思います。

知識を伝えられなくても、子どもと性を語れれば十分！

斉藤　私がプログラムで櫻井さんに来てもらったのは、性教育が、再加害を防止する上ですごく有効に働くのではないかという「幻想」があったからです。初犯は無理でも再犯を防ぐために、性教育が必要という短絡的な考えです。もちろん、そういう効果も多少あるかもしれません。でも、実施してみて、性教育にはもっと根本的な意義があるのではないかと考えはじめました。

私が長年関わっている依存症臨床は、実は「やめること」がゴールではありません。依存症で失った様々な関係性を再構築し、コネクションをつくっていくことが重要です。性加害も同じで、「再犯防止を目指すと再犯防止ができない」というパラドックスに陥ることに、しばしば気づくことがあります。性加害を防ぐということと、それを学ぶことで「語り」をもっと豊かにすることが大切です。櫻井さんの性教育は、そのためにあるのかもしれないと、今、感じています。

自分のセクシュアリティについて語る力を身につけるために、性教育を学ぶ必要がある。ですから、性教育を学べば性犯罪が減るという単純なものではないです。でも、語ることが性加害を防ぐ方法の一つならば、性教育を学ぶことで、その人の語りがもっと豊かになり、共通言語が増えるでしょう。現実的な落としどころとしては、こういうことだと思います。

櫻井　確かに。性教育で得た知識の部分は、あまり覚えてないことの方が多いです。毎年伺う学校で「昨年の講演内容覚えてる？」と聞くとほぼ頷かれません（笑）。しかし、一緒に聞いた仲間と、話したこと、体験したこと、情景は覚えています。そこを共有する時間はすごく大切だと思います。

性加害した人だけでなく、性の学びは誰にでも必要です。けれど、届いていなかった層の人たちがいます。性加害した人たちは、性の学び、性教育から遠くにいた人たちだと感じます。遠くにいた人たちに届けるチャンスを与えてもらって、プログラムに参加できているのはとてもありがたいです。家庭でも知識や最新情報を伝えられなくても、ちょっとした会話や経験を親子で共有できたら、それは素晴らしい、その後活きる学びだと思います。

斉藤　なぜ今まで接点がなかったのでしょうね。クリニックでのプログラムは15年前から始まっているのに、性教育との接点はありませんでした。

櫻井　なぜでしょうね。もっと早く出合ってもよかったですよね。多くの日本人の性教育のイメージは、避妊や妊娠の仕組み、セックスについてが中心です。でも、今私たちがプログラムでやっていることは、それだけではないですよね。「包括的」性教育と言ってもよいかと。一方的な講義型ではなく、学び合いの時間です。人権尊重が根底にあって、性的同意とか、多様性とかについて議論してきました。自分の体のことは自分で決めることができるという「からだの権利」はたくさん話し合いました。その後、「からだの権利って概念を知ってたら、自分の人生違ったかも知れない」と、何人かの方に複数回言われました。

今のテーマと直接の関係はないですが、このステッカー（イヤよイヤよはまじでイヤ）はめちゃめちゃ評判です。みんなすごく欲しがります。「前回もらったものは友人にあげちゃったんで新しいのください」と言われることもあります（笑）。

斉藤　我々の取り組みは、始まって3年目です。月1回のプログラムが、彼らの再加害を防止するのにどれくらい有効か確証的なことは言えません。ただ、彼らの通院を継続するための内発的な動機付けは確実に高まっています。プログラム参加者は毎回多いですし、学ぼうという意欲もみな高い。動機付けは「外発的」と「内発的」の2つがあります。外発的動機付けは、いわゆる「裁判があるから来ないといけない」とか、「婚姻関係を継続する条件として、プログラムに参加する」のようなもの。要は外的要因からくる動機付けです。内発的な動機付けは、例えば、仲間の話を聞いて触発されて、自分も頑張ろうと思ったりとか、ロールモデルがあって、自分もあの人のようになりたいという思いからプログラムに前向きに取り組んだりとか、自分の内側から湧き起こってくる動機付けです。櫻井さんのプログラムでは後者がすごく高まるという実感があります。それがそもそも治療定着率に関わってきます。内発的な動機付けが弱い人は治療が続きません。「こんなところきてもしょうがない。俺よりひどいやついっぱいいるのに、精神障害者扱いしやがって」と反発や抵抗してこなくなります。

恐らく、櫻井さんの性教育は、参加者に対して上から目線でなく、フラットに参加できるので、

みな学ぼうという気になるのだと思います。性の話を子どもとしようと考える読者の方も、一方的に子どもに知識を押し付けるのではなく、フラットな話し方を意識するとよいかもしれませんね。

子どもが日常で「本当の自分」を見つけられる手助けをする

櫻井　私がプログラムに参加した中で、とても印象的な発言をされた方がいらっしゃいました。実刑判決が出てこれからしばらくプログラムに通えなくなるという状況でした。

その日、サプライズでプログラムにやってきたんですよね。斉藤さんも参加されることを知らなくて、ふいに現れて驚いてらっしゃいました。そのときの言葉です。

「社会にこういう場所がもっとあれば、自分はここにいなかったと思う」。「こういう場所」とは正直に自分の気持ちや考え、起こった出来事を話し、受け止めてもらえる場所という意味だと思います。彼は私が初めてプログラムに参加した際、かなり歪んだ発言していました。

斉藤　未成年と不同意性交をした人ですね。被害者は小学生だったはずです。

櫻井　歪んだ発言とは、「子どもにだって性欲ありますから、向こうから求めてくるし、誘ってくる」というもの。初回にその発言を聞いてかなり衝撃を受けました。そのとき斉藤さんの表情を見ると目をつむり天を仰ぐようにされていました。回数を重ねてわかりましたが、だいたい「おや？」という発言があると、斉藤さんは目をつむって天を仰ぎます（笑）。

斉藤　彼は、「こんな場所が社会にもっとあったら、自分は罪を犯さなかったかもしれない」と言いました。これは強ち間違いではないです。一方で、性犯罪の初犯を防ぐことは難しいので、例えプログラムがあっても罪を犯したかもしれません。しかし、なぜ、収監前にふらっと私たちや仲間の前に現れて、そんな言葉を残したのか。私はそこに大きなヒントがあると思っています。彼らのメッセージは、ある意味社会の縮図なので聞き逃さないようにしています。

櫻井　もう一つのケースは、実刑が決まり、刑務所に入る前にしたためられた手紙を読み上げられたときです。ある参加者が、「彼（手紙の主）は本当に人物的にすぐれた人です。彼は僕の悩みを真剣に聞いて、親身になってアドバイスをくれた。僕は彼に何度も救われました。彼に年単位で会えなくなるのは自分にとっては本当にショックだし寂しい、けれど自分が再犯を犯したらもっと会えない時間が長くなるから、彼と早く会うために自分にも、そして皆さんにも再犯しないことを誓います」と言ったのです。発言したその人にとって心の支えになる人がいる、プログラムが出会いの場所にもなっている。そう感じました。

斉藤　多分社会から見ると、それは「仲間」と言っていいのかという批判はあるかもしれません。しかし、やはりこれは同じ問題をもった「仲間」です。

その発言をした人は国立大学を主席で卒業して、大企業に勤めて、エリートコースを歩んでいた人でした。そこで事件が発覚したため、報道もされました。

彼自身のそれまでの人生を考えると、お父さんが「男とは」と語る家父長制の権化のような人で、お母さんもそこに従順に仕える人でした。恐らくDVもあったように見受けられます。そんな家庭で、ずっと親が期待することを常に先読みしながら生きてきました。とあるスポーツを始めたきっかけもそれで、優秀なのでキャプテンにもなるわけです。でも、ずっと自分を生きてこなかった。それで、大学に進学し一人暮らしをして、初めて自由になったわけです。自分の意思のまま生活できるということになり、アダルトコンテンツにのめり込み、そこからもう大学行かずに、よなよなアダルトコンテンツを見ながら自慰行為を繰り返す毎日の中で、児童ポルノと出会いました。そこから子どもへの性的関心が強くなっていきます。結婚もしていましたが、移動の多い仕事だったので、児童ポルノを見て、自慰行為を繰り返し、各地の公衆トイレで幼い児童対象の事件を起こしました。

性加害者の中には、「性加害しているときの自分が本当の自分だ」と主張する人がいます。それ以外の時間は自分を生きていないと。本当は、逆にならないといけません。通常の生活、普段の生活を、自分自身で生きてもらわないといけない。

櫻井　加害した人たちはプログラムに参加したことで、ようやく、自分の感情を言語化して、自分のことを冷静に見つめる機会を得られました。子ども時代に、こうした自分を見つめる機会をもつことができれば、彼らの人生もまた変わったかもしれません。ここに、子育てのヒントがあるような気もします。

親の過剰な性的嫌悪が子どもに与える影響

斉藤　私も経験がありますけど、性的欲求や衝動は第二次性徴を迎えるころには芽生えていて当然です。中学・高校生くらいのときは、ほとんど頭の中は異性のことしか考えてなかったような気がします（笑）。

当然のことながら、性的な欲求は元来人間に備わっているもので、否定的なものではまったくありません。ところが、プログラムの参加者と関わっていると、「性欲は汚いものである」という刷り込みがある人が一定数存在します。例えば、痴漢や盗撮行為は肯定的にとらえているが、風俗で性欲を発散する行為は汚いと思っている。

私の臨床的実感として、子どものときに親から性的なニュアンスの話題が出たり、性的シーンの映像がテレビなどで流れたりしたときに、家族がどう反応したのかを聞くと、「汚い」とは表現しないまでも、周囲の大人が腫物を触るように子どもには見せないようにしていたことが多い。または、否定し、端からダメと言って消してしまう。こんな家庭が日本には多かったのではないでしょうか。性的なものは秘するものという学習を家庭内ですでにしています。

すると子どもは「やっぱり、これって何か触れてはいけないことなのかな」と思います。自慰行為も、ただ後ろめたい思いをもちながらしていましたとカミングアウトしてくれたプログラム参加者もいました。このような価値観のまま大人になった人が多いのではないでしょうか。性的嫌悪を根っこの部分に抱えていて、一方で抑えきれない欲求も存在しているのです。

親が性的なトピックスにどう反応するか、子どもはすごく敏感に見て感じています。ですから、隠すと「悪いモノ」「公で語ってはいけないモノ」という学習をします。でも、先ほど述べたように性欲はあって当たり前です。「そもそも、お父さんとお母さんが性的な欲求や衝動の高まりがあったから、あなたが生まれたわけ」というところから淡々と説明するのがいいのかなと感じます。もちろん、歪んだ欲望をあおるようなアダルトコンテンツは除いてですが。

性欲にブレーキを掛けられるようになって思春期を迎えるという事実

櫻井　「性欲」はいわゆる男性に多く分泌されるとされているホルモン「テストステロン」がよく登場します。

テストステロンが「性欲」と深く関係しているのは間違いないですが、人間の性欲はこれだけでなく、外的刺激やこれまでの記憶など、複雑に関係するものだといわれています。さらに性欲は三大欲求の一つであり、止めようのないものと捉えられてきました。でもこれはある意味「危険」をはらむ考えでもあるといえます。これが「抑えようのない性欲に駆られて性暴力を振るうのはしかたない」といった誤まった認識をもたせているともいわれています。

性欲を感じることを不安にさせない

斉藤　それは、完全に謝った「刷り込み」ですね。私はそれを「性欲原因論」と呼んでいます。著書『男が痴漢になる理由』（イースト・プレス）でも書きましたが、性暴力を性欲の問題にのみ矮小化して捉えると、その本質を見誤ります。

櫻井　「男だからしょうがない」「男ってこういうもん

年齢によるテストステロンの変化のイメージ

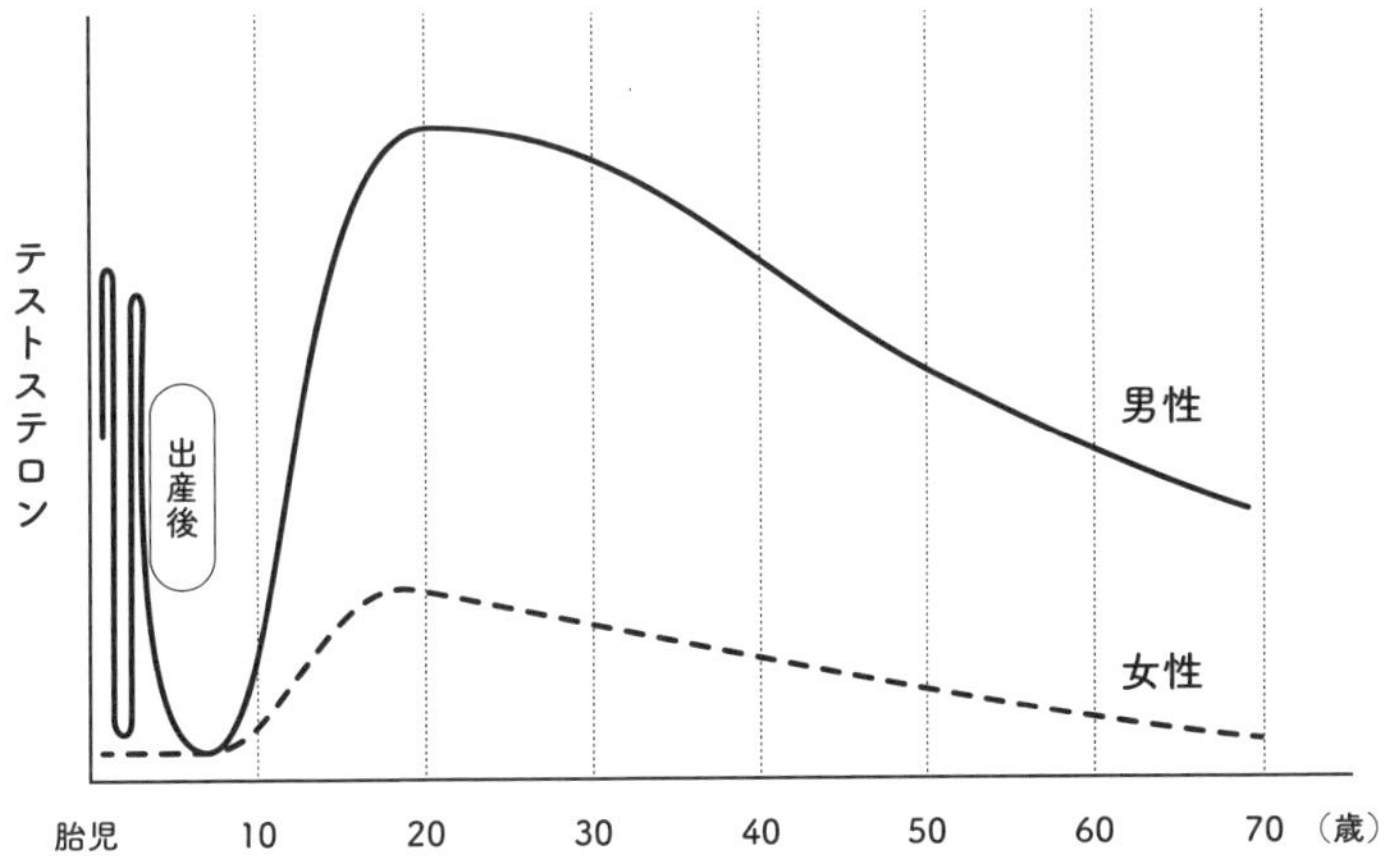

だ」と衝動的に行動することが許されてきた時代があります。というより、「刷り込み」によって、そうでなければならないと思わせられてきた男子もいると思うのです。

斉藤　性欲が高まってこそ男、そしてたくさんの異性とセックスできてこそ男。それが「男らしさ」みたいな有害な男らしさの風潮もいまだありますね。

櫻井　そんな誤った「男らしさ」が、女性を尊重しない強引なセックスにつながるのは、とても有害だと思います。性欲はちゃんとコントロールできるということを、大人は子どもに伝える責任があります。

講演後に「性欲が止まらないんです。どうしたらいいですか?」という質問をされることがあります。でも実際は質問しているその時点ではコントロールできていて、学校生活も平和に送れているのです。それを伝えると「でも家に帰ると……」と。家に帰ると爆発するようです。家に帰って自分だけの空間だったらどれだけ自分の性欲を放出してもよいですよね。こんなやり取りで安心するんです。もっと早く安心できたろうに。

性欲を感じる瞬間があること自体を「よくない」と認識している子がいます。例え、性欲を感じる、つまり、ふとしたときに身体の準備が始まる→ペニスが勃起したり、性器が潤ったりすることが頻繁にあっても、欲求を満たすために人前で行動化することがなければ、コントロールできていると考えてよいというメッセージも必要と思います。

斉藤　もっと自信をもっていいよっていうことですね。

櫻井　「授業中、勃起する自分は変態ですか？」という質問も多いです。退屈な授業の最後数分なことが多いです。「それ『暇立ち』っていうらしい。起立の号令で前かがみな子がいたら、たいてい『仲間』だよ」と。これは現役思春期男子から教えてもらったことです。広く伝達するよう指示を受けました（笑）。真剣に授業に没頭しているときには起こらない現象です。ってことは、授業する先生にも問題の一端があるということですね（笑）。勃起することは健康の証です。ただタイミングが合わないと慌てるとは思います。難しい数式を考えて納めるという体験談もありました。

性欲、勃起、射精の思い込み

斉藤　そもそも性欲とは何でしょうか。助産師目線から「性欲とは？」と質問されたらどう答えますか？

櫻井　性欲とは、「ホルモンとか体験とか、匂いとか、そういったものが相まってやってくるもの」といったところでしょうか。

斉藤　プログラムには男性しかいません。「性的欲求、興奮が高まる」という話になると、櫻井さんの性教育の講演で質問してくる男子と同じように、加害者から勃起と射精という2つのキーワードは必ず出てきます。でも、私はこれらが性欲を測る指標になり得るのかはなはだ疑問です。「性欲の強さを測る尺度」というものは見たことがありません。泌尿器科医で「コンドームの達人」こと岩室紳也医師に聞いたら、「勃起してなくても射精をするよ。勃起してる＝性的欲求が高まっているっていうのは一概に言えないんじゃない」って指摘されたことがあります。だから、勃起と射精だけを男性の性欲を図る尺度として考えるのは少し乱暴な気がします。勃起と射精は、生物学的なものですよね？

櫻井　勃起は副交感神経が優位なときに起こって、射精は交感神経に切り替わって起こります。副交感神経は、眠りにつく前などリラックスしたりするときに働く神経です。交感神経は、活発に活動するときに働く神経です。

確かに性欲を測る尺度は不明瞭で、私も見たことがありません。私の著書『10代のための性の世界の歩き方』（時事通信社）で、「性欲って、いろんなものが相まって起こる複雑なものらしいよ」っていうセリフがあるのですが、一つの指標で測れるものではないと思います。思春期の子たちは、「勃起するから性欲が止まらない。射精をしないと収まらない」と信じている場合が多く、一般的にも勃起と射精はセットで語られることがほとんどと思いますが、これも思い込みかもしれません。

斉藤　プログラムの中では、自慰行為に関するトピックスが頻繁に出てきます。詳しくは後でじっくり語りたいと思いますが、自慰行為は共通言語として「自分とのセックス」という表現を使います。プログラムの中で、自慰行為との付き合い方、自分とのセックスの仕方をしっかり確立していきます。オナ禁をする人もいますし、問題行動に関わるような視覚的な刺激は遠ざけて自慰行為をする人もいれば、アダルトコンテンツを一切見ずに、性的ファンタジーだけで自慰行為をするとか、週にする回数を決めるとか、人それぞれのセクシュアル・リカバリープランをつくります。

このルールを決めるときに、みんなよく言うのは、「自慰行為しなくなったら性欲がたまって性加害するんじゃないか」という都市伝説です。男性たちは同様の刷り込みをもっているのです。「やめちゃったらもう爆発して、逆に性加害の引き金になりますよ」と言うのです。でも、そう言う人は、人生の中で一度も一定期間自慰行為を意識的にやめていた経験はないのです。

櫻井　１回止めてみるという提案をするのですね。

斉藤　身体がどういうふうに変化するか、朝の目覚め、情報処理能力、メンタル的なコンディション、排尿時の感覚など、試してみないとその変化に気づきません。それで、みんなトライすると、「結構大丈夫なんですね」「やらないならやらないなりに捉われずに生活できました」「時間が有効活用できました」などとフィードバックがあります。やはり、性欲が強いから性犯罪を起こす、セックスしたいという欲求が強い人ほど性犯罪するというわけではありません。

櫻井　セックスしたいというのは正常な欲求ですし、充分なコミュニケーションの上で相手も望んでいて、段階踏んでセックスすれば全く問題ないですよね。時間や手間、言葉などをかけて、お互いに向き合う。そのどこかの過程を飛ばすか省いてしまうのが暴力です。このことを丁寧に子どもたちに伝えたいと思います。

性欲よりも「支配欲」が危険

斉藤 ええ。端的に言うと、性暴力とは、「性を使った暴力」のことです。暴力には性を使わない暴力もあります。ではなぜ、暴力と性が一体化するのかというところがすごく大事だと考えます。性暴力は圧倒的な力（地位）関係と構造の中で、その行為は温存されていきます。加害者は状況の定義権をもっています。そして加害者は自分よりも「小さくて弱いもの」を選びます。それは支配（コントロール）しやすいからです。決して、衝動的な行為ではなく合目的的に計画的に加害行為はおこなわれます。彼らは決して交番の前では加害行為に及びません。つまり、性暴力とは、性欲そのものではなく、「パワー」と「コントロール」の問題で、「支配欲」が関係しています。これをもっと深堀していくとジェンダーの問題に行き着きます。

櫻井 セックスは「対等な関係」で互いの合意の元おこなうもので、どちらかが我慢して、いやいやするものではないですよね。パートナーを「支配」するような言動や、乱暴な振る舞いはすでに暴力です。早急に対処が必要な場合もあると思います。

斉藤　「性犯罪＝性欲が原因」ということを誰が言い出したのかわからないですけど、私の中ではこうした性欲原因論は、加害行為の行為責任を都合よく隠蔽するための装置として、性暴力に対しての表向きの理由付けとして性欲が用いられてきたと考えています。

現場で数多くの性加害者からヒアリングしてると、「ちょっと性欲が強すぎて、抑えきれなくて痴漢してしまいました」「性欲が抑えられなくて盗撮しちゃうんです」って人は圧倒的に少数派です。初診で聞くことができる声は、もっとバリエーションがあります。「頭が真っ白で気づいたらやってました」や「ストレスがたまってやりました」というのはよく言い訳として出てきます。他方で、よくよくヒアリングしていくと、「弱い者をいじめるような感覚です」や、「支配欲や優越感が満たされます」や「ある種の達成感があります」など、複合的な快楽が凝縮した行為であるということがわかります。

ロールプレイングゲームみたいな「ゲーム性」に耽溺すると表現する人もいますし、ワーカホリック的に加害して成功した数を手帳に書いている人もいます。もちろん、全く性的欲求や衝動が関連してないわけではないですが、それはあくまでも表層的な欲求を充足するための引き金であって、もっとその根っこにある根源的な欲求は、その人自身が抱えている本質的な問題と密接に関係しています。

反復的な加害行為によって、彼ら自身が満たしているものが3つあります。「アクセスのしやすさ」

「報酬の即時性」「自己効力感の肯定的な変化」です。これらの要素がそろえば誰でもある物質や行為にはまるリスクは高ます。そして、ここまでほとんど性欲という言葉は出てきていません。

性加害の犯罪性を薄めるような社会の風潮

斉藤　性加害と性被害については、加害者臨床においては、「加害者の他責と被害者の自責」という特徴があります。これは言い換えると、加害者は被害者感情を抱き、被害者は自分が悪かったという加害者感情を抱くというパラドキシカルな現象です。本来は、加害者における加害感情、被害者における被害感情が正しいのですが、これがクロスしてしまうのです。

具体的には、加害者は「あんな時間帯に一人で歩いていれば、危ないに決まってるじゃないか」など、被害者の落ち度を責めて、自分の被害者感情を強化していきます。DVの男性加害者にも同じようなところがあって、「妻からああいうふうに言われて、こっちだって頑張ってやっているのに、あそこまでああいうふうに言われたら誰でも手が出る。逆に私は被害者だ」みたいなことを言います。加害者は常に他責の傾向があります。

一方で、被害者はどちらかというと「自責」します。被害を受けた人の多くは、まず「なぜ私が」と思います。その後に続くのは、「やっぱりあの時間帯にあの場所にいた私がいけなかったんじゃないか」という感情です。早い段階で周囲から「あなたが悪いわけではもちろんない」ということや、「それは性暴力で、加害者が全面的に悪い」など、ちゃんとしたケアを受けられれば、比較的重度にならなくて済むケースもあるのですが、被害を誰にも言えずに過ごしてる人が大多数なので、ずっと自分を責め続けてしまうことになります。

日本の場合、このいわゆるパラドキシカルでクロスした状況を、社会が後押ししてる部分が多分にあります。これまでの日本は刑法を含めて、性暴力に対して非常に甘い対応だったと思います。例えば、２０１７年に法改正されて強制性交等罪が成立するまで、「レイプ」は被害者が自ら訴えなければいけない親告罪でした。

空き巣であれば、「家を留守にしておいたのだから泥棒に入られたって当然だ」とは言わないのに、そこにセクシュアルの問題が入ってくると、なぜか犯罪として扱ってもらえないばかりか、被害を受けた側が「落ち度」を責められるというおかしな現象が起こっています。「ハニートラップだ」といった二次被害をもたらす言説すらあります。

私は、この根っこにあるが、「性欲原因論」だと考えています。同義の言葉で言えば「レイプ神話＝レイプされるような恰好をしているほうが悪い」という考え方です。これが、加害者が自分の加害行為を過小評価して、被害者が自分を責めるという逆説的な状況に繋がってると私は整理しています。

櫻井　つまり、加害者側が加害行為をした後に感じる他責と、被害者側が被害を受けた後に感じる自責の念というのは、社会の中で共有している価値観が強化しているということですね。その価値観の構造を紐解くと、性犯罪は加害者の「性欲」そのものに加え、性欲をかきたてる被害者が引き起こすものだという社会認識があって、この認識が加害した人間の責任を薄めていると。

斉藤　はい。性欲を隠れ蓑に加害者の行為責任を看過して、それを社会が認めてきたわけです。だから、櫻井さんがやってるような、「イヤよイヤよはまじでイヤ」という考え方がしっかり子どもたちに広がれば、性加害に対する「性欲原因論」をもとにした社会認識も変わってくるはずと期待しています。

台湾に住んでいる女性の友人に「台湾で痴漢の状況どうですか」と聞いたことがあります。日本ほどではないけど、台湾でも多少あるそうです。ただし、その女性の話だと、「私を含めた台湾の女性がもしそんな目にあったら、その場ですぐひっぱたく」と。日本人なら、男女問わず、「いや、そんなことして報復されたらどうするんですか」とか、「危なくないですか」と思うところかもしれません。一部の男性からは、「冤罪だったら責任とれるんですか?」という反応もありそうです。

でも、その台湾の女性は、自分が不当な目に遭ってるときはちゃんと主張するとか、理不尽であれば主張していいとか、ちゃんと自分を表現するような教育を基本的にされてきたということです。痴漢行為という不当な犯罪には叩くという形でやり返すっていうのは正当防衛だと、はっきり認識していいます。つまり、性被害に遭うのは「加害者が絶対的に悪い」といった社会的な認識があるから、衆人環視でも躊躇なく容赦なく対処できるわけです。もちろん、台湾にもいろんな女性がいて、全員が同じことをできるわけではないでしょうが、少なくとも日本の教育や、性暴力に対する社会認識とは違うところがあるのではないかと思いました。

櫻井　日本だと忖度というか、性的な場面に限らず、社会的な風潮や誰か強い者の意見に何となく従っている。教育にしろ、政治にしろ、意見を表明しようとすると「面倒な人」として扱われると、小さな頃から刷り込まれています。自分が理不尽だと感じたら声を上げる、逆に誰かが理不尽だと声を上げたら耳を傾ける必要があると思います。そして、性犯罪の本質とは、性欲が悪いのではなくて、絶対的に加害行為が悪いということを、改めて確認しておく必要があると思います。

斉藤　その通りです。今、私たちはこうやって性について話していますが、こういうオープンな対話が必要だと思います。でも、大体男性同士の対話は性欲の問題で止まってしまいます。「お前、性欲強い or 弱い」「今まで何人とセックスした。多い or 少ない」みたいな。そうではなく、もっと関係性に焦点をあてながら対話する中で、「性的な欲求や衝動とは一体何なんだろう」「自分は何を感じていて、何を求めているのだろうか」ということを、自分の言葉で考える機会が必要だと思います。

櫻井　先のテーマでも触れましたが、中学生男子同士で、性について話をするとき、まず用語や表現がわからなくて、不安の正体も曖昧で、結局下ネタとして消費する。言語化できるよう、基本的な知識や情報もある程度入れた上で、話す機会を増やすことが必要だと思います。

斉藤　女性はどうかわからないですが、言語化が苦手なプログラム参加者を見ていると、男の子に関しては、もっと対話を中心とした話す機会をつくる必要があると感じます。それにしても、性加害を防ぐヒントというのは、やはり「語る」ということに繋がっていきますね。

「歪み」を歪みとして捉えられる力を育む

斉藤　こうやって話をしていて感じるのは、性教育も、依存症の治療や加害者臨床も、目指すべきところは、やっぱり「I am OK」と思えるようになるということです。「自己受容」。「自己肯定感を高める」ではなくて、「自己受容」です。

自己受容の基本は、やはり「I am OK. You are OK」が一番理想的な人生態度です。ペニスが小さくても、早漏でも彼女ができなくても童貞でも、性依存でも薬物依存症でも、極論ですが、例えば過去に殺人事件を起こした人であっても、やっぱり「I am OK. You are OK」って思えると、そこで生きていける。最終的にそこを目指していると思います。

例えば、私、学生時代沖縄でホームレスになった経験があるのですが（60頁コラム参照）、そうなったとしても、「何とかなるかな」と自分を肯定する力を身に付ける。性教育も多分そうだと思うのですが、依存症のプログラムの「回復」というのは、最終的にやはり「いい加減」を目指すということになります。

櫻井　結局、すべてが地続きだと思います。性欲が高まると、それに突き動かされて、自分が何かしでかすかも知れないという不安が生まれることもあるようです。まずは、性欲が強いことは悪いことではないと知る、その上でコントロールできると自信をもつ。単純なことのような気がします。

斉藤　大事ですね。特に日本人は、自己肯定感が低いとかよく言うじゃないですか。

櫻井　私はそんなに自己肯定感高くない……。

斉藤　それ、芸風ですよ（笑）。講演とかでも、自分をあえて下に落とす。でも、いつも本番に照準合わせて、きちんと準備をしてやってくる。最近これは櫻井さんの芸風だなって気づきました（笑）。

櫻井　笑。ところで、プログラムの参加者から聞く「自分がやっているのは痴漢じゃないと思っていた」という告白に度肝を抜かれました。「痴漢は犯罪です」というポスターを見て、「悪いことする人がいるんだなって思った」と言った参加者もいました……。

斉藤　要は、加害行為をしているときの主観と客観がバラバラなんです。第三者から見れば、明らかに手を伸ばして他人の体を触っています。周囲にばれている人もいます。明らかに痴漢行為なのに、本人の中ではそういう認識がない。「ばれてない」と思っているわけではなくて、「相手から望んで近よってきた」とか、「こいつはスキがあったからＯＫのサインだ」とか、「触っていればいずれ気持ちよくなる」と思いこんでいます。一般の人には理解しがたいかもしれません。

これについて、漫画家でエッセイストの田房永子さんは、コラム「どぶろっくと痴漢の関係」の中で『膜』の中のストーリー」と表現しています。ごくごくかんたんに言えば、加害者の周辺半径一メートルぐらいのところに膜があって、その中に入ってきた相手には何をしてもよい存在と認識してしまう。まるで「自分の家にまで来たのだから、性行為OKだよね」という感覚に類似しています。それがいわゆる「認知の歪み」だと。いい得て妙で、そういう極めて一方的な感覚が加害者側には共通してあると感じます。

「I am OK. You are OK.」が自己受容だと言いましたけど、彼らは自信をもっているわけではなくて、身勝手で歪んでいます。他者を尊重しているわけではありません。その要因の一つとして、対話という行為を通じずに、自己認識していることがあるのではないかと考えています。

櫻井　「あの子たちが誘ってくるんですよ」というのはよく聞きます。

斉藤　痴漢の最初の1回目はみんなビクビクやるんです。生まれて初めてはやっぱり、ドキドキしながら、やっています。でも、繰り返しの成功体験の中で、どんどんハードルが下がってくる。あとは、それを歪んだ人々から称賛されて、さらに歪む。例えばネット掲示板とか、コミュニティの中で賞賛されると罪悪感が薄れ、より認知の歪みも強化されるプロセスがあります。最近はSNS絡みの性犯罪も結構ありますね。

やはり、「語る」という行為で、そうした歪みを歪みとして捉えられるような認識の土台をつくらないといけないと思います。

賞味期限切れのサンドイッチ

56頁で述べた通り、斉藤章佳氏は、学生時代にホームレスを経験したことがある。「弱肉強食」の体育会系社会で育った斉藤氏が、「自助グループ」のパワーを実感したのが、この際の経験だったという。斉藤氏の加害者臨床の原点でもあるこのときの体験を、著書『つながりを、取り戻す。』（ブックマン社）より引用してお届けする。

私はアル中さんに恩がある。

※ここでのアル中は差別用語としてではなく、愛情やリスペクトを込めた表現

プロサッカー選手になるのを怪我で挫折し、将来の方向性を見失う中、半ば自暴自棄の状態で私は大学の卒業旅行と称して沖縄に逃避の旅にでた。バイトで貯めた10万円を握りしめ、初日に訪れた場所は国際通りからほど近い、いわゆる沖縄の新宿ゴールデン街といわれる桜坂だった。ここのゲイバーのマスターとは顔見知りで、一軒目はここと決めていた。カウンターで飲み始めるとほどなくし

て、50代前半くらいの日焼けした地元の労働者三人組に声をかけられた。

「兄ちゃん、1杯おごるから飲み比べしよう」

体育会系の血が騒いだ。

そこに置かれた一升瓶は宮古島の古酒「菊之露」だった。そして、用意されたのは三角形のグラス（つまり下に置けないグラス）。この時内心はめられたと思ったし、これはあの有名な『オトーリ』なのかと、沖縄に昔から伝わる伝統的な酒の飲み方を思い出していた。

※オトーリの（御通り、おとおり）：沖縄県の宮古列島で行われる飲酒の風習であり、車座になって泡盛を飲む酒宴の席で行われる。

売られたケンカは買うしかない。私も当時、酒にはめっぽう強い方だった。しかし、結果は明らかだった。ウチナーンチュは肝臓の鍛え方が違った。私の記憶があるのは、一升瓶を一本半くらいあけたところまでで、完全にブラックアウトしていた。

翌朝、頬から感じる道路の冷たさと足音で目が冷めた。なんと桜坂の路上で寝ていたのである。旅はまだ始まったばかり、と立ち上がるとやたら身が軽いことに気づいた。

「リュックがない」

いや、正確に言うとリュックがないのではなく盗まれたのだ。それが証拠に私の衣類は寝ていた周辺に散乱していた。私は途方にくれてしまった。とりあえず、国際通り近くの公園のベンチに座って考えることにした。今思うとなぜこのとき警察や他の大人に助けを求めなかったのだろうか。ここで恥をさらすわけにはいかない。4回生になっても内定決まらず、将来やりたいこともなく、沖縄に逃避旅行にきて飲み比べで負けてブラックアウト。私はなんとか持ち前の気合いと根性で乗り切ろうと考えたが……3日間が過ぎた。その時、公園で同じように寝泊まりしていたホームレスが声をかけてくれた。

「おまえさんそこで何してるんだ」

とっさに聞かれた質問に対して私は狼狽しながら「大学の卒業旅行」と自信のない小さな声で答えた。すると、そのホームレスは酒臭いにおいをさせながら「おまえさん三日前からそこにいるだろう」とつっこんできた。なんと一部始終見られていたのだ。

私はこのときばかりは降参して、この酒臭のするホームレスに全部話すことにした。プロサッカー選手を目指していたが、怪我で挫折して摂食障害になり、大学でもやりたいことが見つからず腐っていて、挙句の果てに卒業旅行と称して沖縄に逃避旅行にきたこと。そして、沖縄初日に財布からPHSから荷物を全部盗まれたこと。

予想外だったのは、洗いざらい全部話し終わった時には、沖縄の空みたいにすっきりと晴れ晴れした気分になっていた。こんな気分は、サッカーでも味わったことのない充足感だった。私が人生ではじめて正直に話すことが出来た「弱い話」であり、はじめてのカウンセリング体験だった。

一通り話を聞いてくれたホームレスは、何もいわずに賞味期限切れのミックスサンドイッチをくれた。3日ぶりに食べたそれは本当においしかった。今でも私にとって泡盛は狂い水だが、サンドイッチは大好物である。サンドイッチを貪り食っている私に、ホームレスはシケモク拾いのミッションを与えてくれた。私は朝から晩までシケモク拾いをして、たまったそれと賞味期限切れの食料とを交換する生活が始まった。

「俺はこのままでいいのだろうか？」

1週間くらいしてこんな思いがフツフツと湧き上がってきた。なんか親に申し訳ないと。その日の朝、私はシケモク拾いの日課が始まる前に、その公園とホームレスに別れを告げた。そして、何を思ったのか沖縄本島を歩いて一周するという次のミッションを思いつた。たぶん、せっかく沖縄に来たのだから何かを成し遂げたかったのだと思うが、今ならそんな無謀なことは絶対に出来ないだろう。それからは、当時流行っていたバラエティー番組「田舎に泊まろう」を真似て「今夜泊めてください！」と突撃で行って交渉してみるやり方で、その日の夕食と寝床を確保しようと試みた。我ながら今なら相当無謀だと思うのだが、初日に行った家が今までのことを洗いざらい話したら運良く泊めてくれた。まさに、ビギナーズラックである。

これに味をしめて、毎晩田舎に泊まろうにあやかって泊めてもらう家を探しながら、見つからなかった日はビーチで寝泊まりした。ある日、泊めてもらった家で仕事（家業）を手伝ってくれたらもう一泊させてくれるということで、畑仕事に庭掃除、漁師の手伝い（投網を洗う）などをさせてもらい日当まで手にすることができた。私はこの瞬間、「こうやって生き延びていけばいいんだ」と閃いた感覚になった。その日から、泊めてもらうことが決まった家で「何か仕事ください」と営業をかけるようになり、まさに仕事と寝床と飯という一石三鳥の経験を積み重ねていくことが出来た。最終的には、なんと本島を一ヶ月以上かけて一周しスタートした国際通りの公園に戻ってきた時には、10万円以上の現金を手にしていたのである。

このホームレス経験から私は大学の四年間で学ぶこと以上の宝物を手に入れることが出来た。仕事は生きるためにすること。そして、自分を必要としてくれる場所なんてものはなく、自分の居場所は自分でつくるしかないということ。私はプロサッカー選手になれなかったことを、ずっと怪我や自分のことを評価してくれない他人のせいにしていた。

貯まった10万円をもとに住んでいたアパートに戻り（岡山県倉敷市）、私はそこから猛勉強しソーシャルワーカーの国家資格を取得した。そして、最初の就職先が日本でも有数のアルコール依存症の現場だった。なんと、そこで出会ったアル中さんたちは、沖縄で出会ったあの酒臭いホームレスとそっくりの人たちだった。

匂い、目つき、肌の色。そう、今思うと沖縄のホームレスも実はアルコール依存症の当事者だったのだ。私はアルコール依存症のホームレスに助けられたのだ。こういうのを自助グループでは「ハイヤーパワーのおぼしめし」というらしい。

それから20数年が経ってもなお、私はまだ懲りずに依存症の現場にいる。というより、アディクション臨床にアディクションしている状態だ。

※この性教育対談という物語の中にも、私が沖縄で経験したような宝物が沢山隠れている。この本に出会った人たちが、そんな自分だけの宝物を見つけてくれることを執筆者の一人として願っている。

第2章

AVとの付き合い方を考える

第1章で著者のお二人が述べた通り、現在の社会では、子どもたちが自分の性を言語化するチャンスは多くありません。一方で、スマホやSNSの普及により、子どもたちは、例え保護者が制限を掛けたとしても、AVにアクセスしやすい環境が整い、隠れてアダルトコンテンツを視聴する子どもも多くいます。自分一人で、AVの世界に浸っていくと、自らの性を言語化するチャンスはさらに失われていくことになります。著者の二人は、そうなる前に、「AVはつくりもの」「まねるな危険」といったメッセージを、明確に子どもたちに伝える必要性を指摘します。

子どもが性を学ぶツールはほぼAVという現実

櫻井　中高生が性に関する情報をどこから得ているかというと、「ネット」と「友達」が圧倒的多数です。

斉藤　ああ、例のグラフですね。上が中学3年（男子）のデータです。44.9%がSNS。下の棒グラフは高校1年生（男子）です。

櫻井　子どもによっては、一部に保護者のコレクションDVDやエロゲ（ゲーム）が出てきます。やはり、動画になって音声が入るというメディアが、興奮度を高めるのでしょう。

斉藤　第1章でも少し触れましたが、

性に関する情報をどこから得ているか

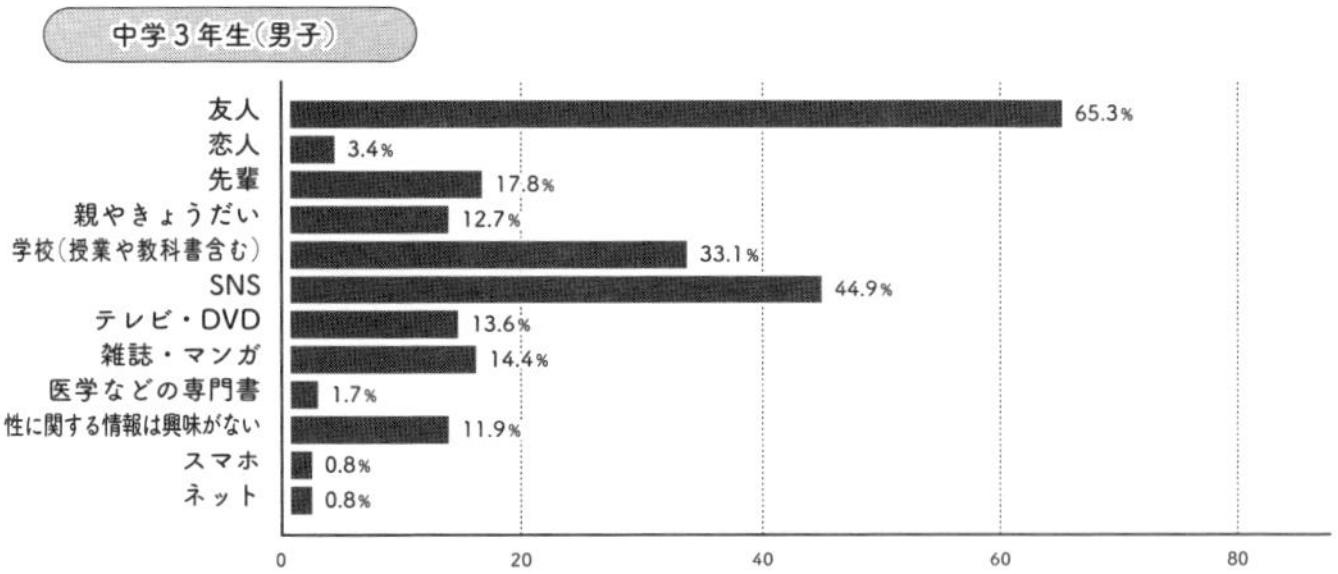

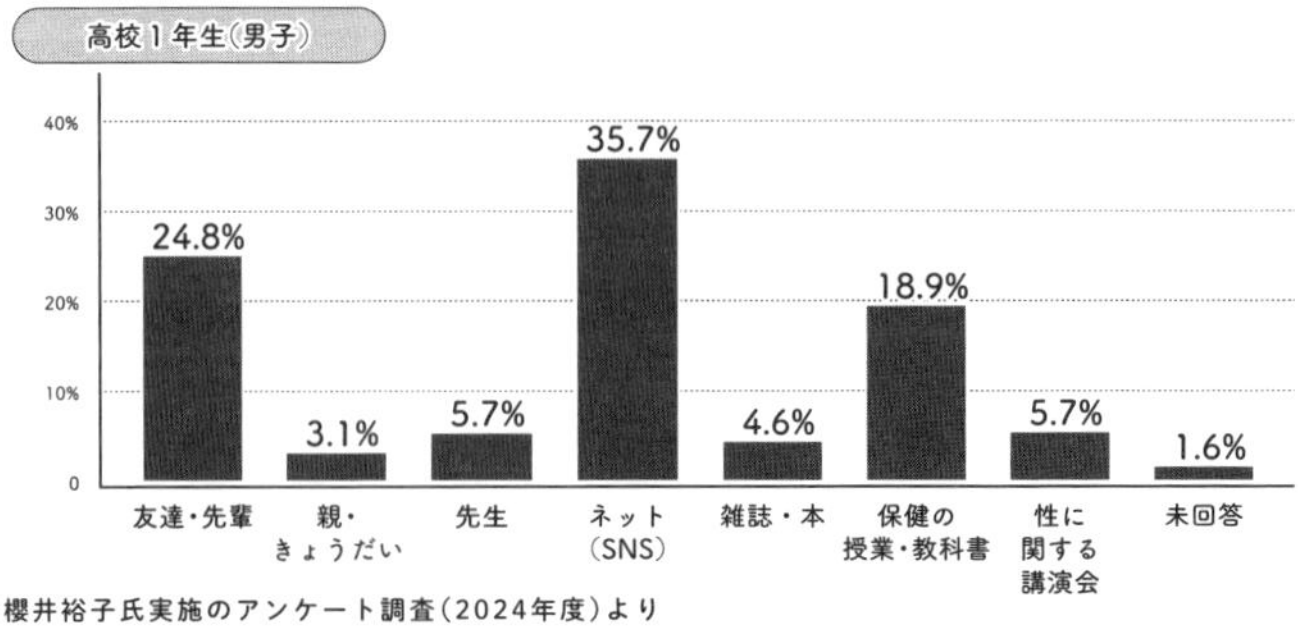

出典：櫻井裕子氏実施のアンケート調査（2024年度）より

今の子どものたちの周辺にあるアダルトコンテンツは、嗜癖行動の観点からは、報酬系を効果的に刺激し、中毒性が高まる要素が満載です。

櫻井　プログラムでは、性教育のイメージと性教育の受講歴を必ず聞くのですが、そこでもAVが出てこないことはありません。現在の一般的な性教育ではセックスについて語られないけれど、多くの子が本当に知りたいのはセックスなのだと感じます。隠されれば隠されるほど興味が湧くものです。

斉藤　例えば、セックスの順番からどうやって終わるかなどを、どこで学習するかというと、AVしかないのが現状でしょう。

櫻井　しかも、今の子たちはスマホで手軽に、「ショート動画」で一番過激な部分のみを見ます。「出会って4秒で合体」といったタイトルがありますが、そこにコミュニケーションは一切ありません。セックスはコミュニケーションそのものであるはずなのに、動画で学ぶと、いろいろな問題が引き起こされてしまいます。

斉藤　そうですね。プログラムに参加している人たちも、「性犯罪をどこで覚えたか」ではなく、「性行為をどこで学んだか」と聞くと、みんなやはりAVだと答えます。もうそれ一択しかないぐらいの割合です。それ以外で学んだという例は、ほとんどありません。

AVと性犯罪との関連性は結構難しい話題で、結局AVが性犯罪行動を直接的に助長しているという研究やエビデンスはありません。私自身も性教育のプログラムをやりながら自分なりの考えまとめた意見としては、AVがすべて悪いと捉えているわけではありません。子どもたちがアダルトコンテンツに最初に触れる前に、基本的な性教育を受け知識をインプットし、それが前提として情報を自らが選択できる力を身につけたうえでアダルトコンテンツにアクセスするというかたちが理想的です。でも、現実的には、各自所有しているスマホで、ネット上のあらゆるアダルトコンテンツにいつでもどこでもすぐにアクセスできるという状況があります。自慰行為を始めたばかりの男子が現代の倒錯的なコンテンツを見たら、誰でもハマるリスクあると思うんですよね。はまりやすい要因としては以下に三つあります。

一つは、先ほど述べた「アクセスのしやすさ」です。これは、行為依存を考える上で絶対に外せない条件です。二つ目は、「報酬の即時性」。これは、その行為によってすぐに得られる報酬（メリット）があるということです。自慰行為では、すぐに性的興奮や射精といった生理反応から心理的苦痛の緩和が得られます。三つめは、そのことによる「自己効力感の肯定的な変化」があるということです。スマホでアクセスできるアダルトコンテンツには、この三つの「ハマる要素＝行為依存の条件」がすべて揃っています。

話を少し戻しますが、この世の中から、アダルトコンテンツをすべてなくすというのは非現実的な話です。二次元ポルノの表現規制を訴えている人たちには、過激なポルノ、特に暴力的なものなどは一切なくしたほうがよいという意見もあります。しかし、実際には、コンテンツにはグラデーションがあって線引きが非常に難しい。暴力的や倒錯的なものもあれば、動物と性行為するとか、汚物を食べるとか一般的な人にはどこが性的興奮につながるのか理解しがたいものなど、本当にものすごくいろいろなジャンルがある中で、全部に異常と正常のように線引きをするのは基本的に無理だと思います。何度も言いますが、そうしたアダルトコンテンツに触れる前の段階できちんと包括的性教育を学んで、自分で情報を選択する力を身につけた上で、選択する。こうした形が現実的だと思っています。

櫻井 本当にそう思います。しかし、今のところ私が中学校や高校などで見る現実としては、性教育は行き届かないまま、セックスに興味をもち、それを知りたいと思ったら、最も身近なスマホの中の情報になるのです。性犯罪とAVがどの程度結びついているか、私もわかりません。ただ少なくとも、AVが暴力的な性行為を学ぶツールになっているとは感じます。しかもAV制作会社が規約を守って制作しているものではなく、違法の限りを尽くして垂れ流しているネット上の媒体が身近です。その中では、女性たちは完全に「モノ化」されています。そしてそのモノ化された女性たちも、喜んでいるように演じています。あれがすごく罪をつくっていると考えています。本来ならば、暴力的な行為をされて喜びを得ることはありません。それを、学ぶ前のコミュニケーションも発展途上の子どもたちが見たら、鵜呑みにしてしまう。

それを、プログラムに参加している人たちではなくて、性教育の講演で会う中学生などから感じています。ＡＶの演出に憧れを抱いてしまっている声も耳にします。男子だけでなくて、女子も、ああしなければいけないんだと思い込んでしまっている。それが加害に結び付くかはさて置き、誤解を与えているというのは間違いない事実だと思います。

斉藤さんがさきほどおっしゃったように、その前に性教育が、それも、狭義の性教育じゃなくて人権、多様性、ジェンダー平等を基盤にした「包括的性教育」で学びを得るチャンスがあれば、「こんなふうに人をモノのように扱うのは暴力だ」と気が付けると期待します。

はじめて見たＡＶの衝撃で人生が変わってしまった性加害者の話

斉藤　性加害を繰り返す人の中には、「ＡＶを模倣してやりました」という人が一定数います。私が講演会で時々出すスライドがあります。最初に見たＡＶが、セーラー服を着た女子中学生を追いかける。追いついて、

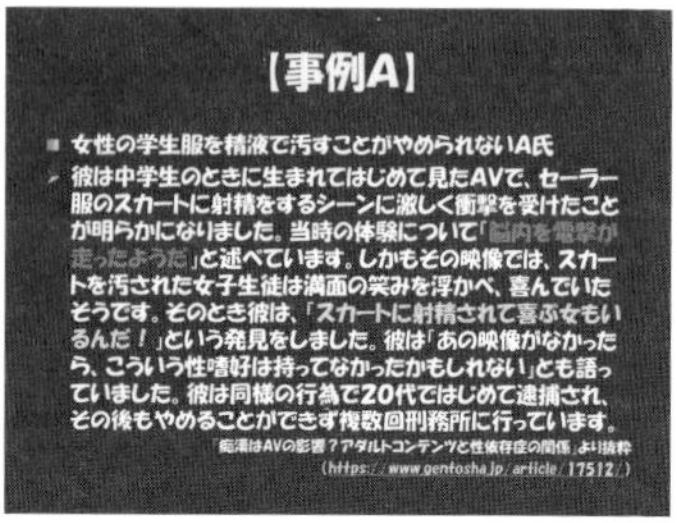
【事例A】
女性の学生服を精液で汚すことがやめられないA氏
彼は中学生のときに生まれてはじめて見たAVで、セーラー服のスカートに射精をするシーンに激しく衝撃を受けたことが明らかになりました。当時の体験について「脳内を電撃が走ったようだ」と述べています。しかもその映像では、スカートを汚された女子生徒は満面の笑みを浮かべ、喜んでいたそうです。そのとき彼は、「スカートに射精されて喜ぶ女もいるんだ！」という発見をしました。彼は「あの映像がなかったら、こういう性嗜好は持ってなかったかもしれない」とも語っていました。彼は同様の行為で20代ではじめて逮捕され、その後もやめることができず複数回刑務所に行っています。
「痴漢はAVの影響？アダルトコンテンツと性依存症の関係」より抜粋
（https://www.gentosha.jp/article/17512/）

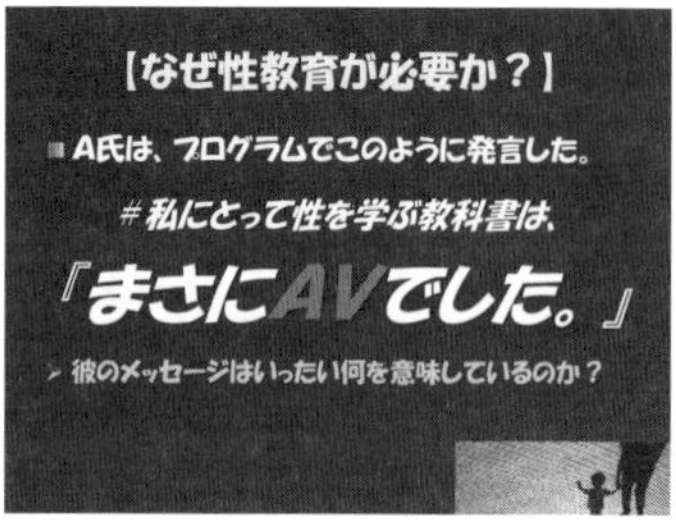
【なぜ性教育が必要か？】
A氏は、プログラムでこのように発言した。
#私にとって性を学ぶ教科書は、
『まさにAVでした。』
彼のメッセージはいったい何を意味しているのか？

スカートの上から射精すると、女子が観念して嬉しそうな顔をしている。彼は今も時々、プログラムに来ていますが、その動画がすごい衝撃だったと話します。「こんなマニアックなプレーがあるんだ！」と。しかも、それをされて女性が喜ぶというのは強烈に記憶に残って、自分もやってみたいと思い、彼は実際にやり始めてしまいました。結局その加害行為を繰り返し続け、刑務所にも計４回入りました。彼とは、そのＡＶに出合わなかったら、どういう人生になっていたかという話によくなります。

もちろん動画を見たすべての男性が、同じような経過をたどるわけではありません。彼の家族関係、育った地域の状況、貧困の問題、小児期逆境体験など、いろんな要因も複雑に絡んでいます。しかし、少なくとも彼は最初に出合ったＡＶを模倣したのが、最初の加害のきっかけとなりました。やってはいけないと思いながらも加害行為を繰り返し、最後はある地方で捕まりました。射精の代理行為で別のものを女性のスカートにかけたこともあります。それが特異な犯行内容だったので、報道もされました。私はクリニックで、彼とその一連の犯行サイクルを振り返っていたのですが、加害行為の前提にあった価値観は「最後は被害者も喜んでた」というものです。日本のＡＶの構造は、つくりの基本形が似ているんですね。「イヤよイヤも好きのうち」という一方的な男性目線のパターンです。

海外のＡＶについては、詳しくは知りませんが、女性が主導権を握るケースも多く積極的など、対等性を背景にしたつくり方をしているものが多いというふうに、海外の女性がインタビューで答えているのを見たことがあります。もちろん海外にも倒錯的なコンテンツはあるとは思いますが。

櫻井　女性向けのＡＶもありますね。従来の映像とはコンセプトが違い、セックスの前のコミュニケーションに重きが置かれていることが多いと受け取れます。こうしたものから知れることもあるのではないかと思います。

ポルノを見る前に男の子に伝えていきたいこと

斉藤　やはり男性が主体でつくるＡＶは一方的な視線になっていると思います。ＡＶの影響を受けて行動化する人がどれくらいいるのかのエビデンスはクリニックにはありませんが、少なくとも加害者臨床の現場ではよく耳にする話です。一方で、「はじめに」でも書いた通り、警視庁のデータでは、警察庁科学警察研究所が１９９７～９８年、強姦《ごうかん》や強制わいせつの容疑で逮捕された５５３人に行った調査では、33・５％が「ＡＶを見て自分も同じことをしてみたかった」と回答しています。少年に限れば、その割合は５割近くに跳ね上がっています。ポルノ問題に詳しい中里見博大阪電気通信大教授（憲法）は「女性や子どもを『モノ扱い』する過激なＡＶは、性暴力を容認する価値観を、見る者に植え付けかねない」と指摘しています。それらを簡単に見られるインターネットの爆発的な普及で、危険性は高まっていると警鐘を鳴らしています。

性加害（レイプ）の最後に、女性の顔に向けて射精をして終わるといったパターンを当たり前だと信じている加害者もいました。

櫻井 何年か前に、アベマTVの『Wの悲劇』に出演したときに、「素人童貞」を名乗る方がいました。彼は女性の顔に射精する、いわゆる「顔射」がセオリーだと思いこんでいて、風俗の人に顔射して、「それっきり出入り禁止になりました」と話していました。大人もAVによって誤学習しているのですよね。

AVについて子どもたちと面と向かって家庭で話すのは、相当難しいです。ある程度の年齢のお子さんなら、見てることを知っていても、スルーしている保護者もいるでしょう。でも、完全に放置していて大丈夫か心配になることもあります。スマホで、子どもたちは危険なコンテンツを見せられています。「ネットなどには、過激なポルノがあるけど、つくりもの。安易にマネするのは危険なこともある」とどこかしらで伝えたいものです。

AVで新たな「条件付け」が生成される可能性も

斉藤 以前、日本「性とこころ」関連問題学会にも登壇いただいたことがあるAV監督の二村ヒトシさんと、ＡＶ業界に関する情報交換会をしてもらっていた時期がありました。やはり業界もどんどん淘汰され刷新されていくので、新しい性的コンテンツやマーケットを開拓しないといけないそうです。そうでないと、マーケット自体がしぼんでいくとおっしゃっていました。そこで、新しいジャンルをどのように開拓していくのかというと、例えば、女性と女装した男性が性交する「男の娘」といった新しいコンテンツをつくるのだそうです。それは女性と、男性器がついている美しい女性が性交しているふうに見えるそうです。

他にも、著書『セックス依存症』（幻冬舎新書）の巻末で対談した人気ＡＶ俳優の森林原人さんに聞いた話ですが、「ゴスロリファッション」の女性を好む男性をターゲットにした作品があるそうです。森林さんはその男優役のオファーをもらったのですが、ご本人はゴスロリファッションに全く性的な刺激を感じなかったそうです。しかし、それを断ったら仕事のオファーがこなくなります。そこで、ゴスロリファッションに興奮する男性は、どこをポイントに見ているのかがわかれば、この仕事ができるのではないかと考え、とにかく徹底的にリサーチ＆ヒアリングしたそうです。それを好む男性たちにインタビューして、「こういうところが魅力的」という情報をとにかく多く集めました。そして、彼らと同じような報酬系回路を、条件付けを意識しながら頭の中につくることで、ゴスロリファッションをしている女優さんに欲情することができセックスが達成できたそうです。有名なＡＶ俳優も涙ぐましい努力をしているわけですが、ここで言いたいのは、自分がもともと興味をもっていない性的コンテンツでも、新しい条件付けの回路をつくることで性的刺激と認識することができ、性行動につなげていくことができるということです。

櫻井　今の子どもたちは、そうした徹底的なマーケティングの攻略対象として、コンテンツを与えられているということですね。

斉藤　ある意味、そうでしょうね。マーケットを開拓する側も、人間の報酬系について徹底的に研究しているでしょうし、SNSや動画コンテンツなら、再生回数などのデータも取りやすいでしょう。

櫻井　しかも、素人動画投稿サイトなど、「いいね」の数で課金されるものもあります。コメント欄に「お顔見せて欲しいな」「モザイクを粗くしてくれたら、もっと『いいね』押せるのにな」などというコメントが寄せられています。「いいね」の数で、コンテンツの売れ方のデータがとれて、投稿者は収入が得られる仕組みのようです。

スマホが劇的に変えた子どもたちをめぐるポルノの環境

斉藤　嗜癖行動の観点から見ると、スマホが人々の習慣を劇的に変えたと思います。今は小学生からスマホを保有する時代です。親がフィルターをかけても、子どもたちがURLを共有し、LINEで手軽にアクセスできてしまいます。事前の正確な性に関する知識や経験を積まないで、音声付きの倒錯的な動画をそれも無料で見ることができたら、「性や性行為ってこういうものなんだ」って学習してしまっても仕方がありません。しかも、そこに、アクセスのしやすさの上に報酬の即時性が伴う自慰行為がセットになります。ポルノと自慰行為は、日常的に繰り返す中で刷り込まれていく。もしも、自慰行為を伴わなければ、強固に個々人の認知に刷り込まれていかないでしょう。

櫻井　毎日違う動画が上がってますからね。

斉藤　例えば、私は1979年生まれなのですが、アクセスのしやすさっていうのは、今とは全然違いました。VHSの時代で、体育会系ホモソ・コミュニティでは、アダルトビデオは上級生から順に下りてくるので、下級生はなかなか視聴することができませんでした。先輩に早く返却しないといけないので、同級生と一緒に視聴した経験もあります。下級生としては、どこが流通の起点なのかはわからないんですが、循環していくわけです。ここでは「待つ」というプロセスが必ず発生して、どこかでずっと止まってたりすると「一体誰が延滞してるんだ！」って噂になります（笑）。

そういう意味では、アダルトコンテンツを見ることに対するハードルと、反復的な自慰行為をすることに対する距離感があったと思います。でも、今やもう、スマホがあれば、いつでも・どこでも・誰でもすぐに見れてしまいます。

この状況では、有害な情報とそうでないものとを選択する力をもってないと、どんどん耽溺していき、やがてより倒錯的なコンテンツに誘導されていってしまいます。例えば、盗撮のサイトでは、リアルな盗撮場面が上がっていて、「これ本当にスマホで撮ったのかな」と思うようなものばかりです。許しがたい犯罪ですが、実際にリアルで盗撮して、転売している人もいます。加害者予備軍の中には、そうしたコンテンツを見ながら、「結構ハードル低いな」「ワンチャン自分でもできるんじゃないか」などと錯覚し、最初の一回目を行うきっかけになったと言う人もヒアリングで明らかになりました（参照『盗撮をやめられない男たち』扶桑社）。やはり、個人への影響はあり、そのコンテンツ自体をどのように扱うかを真剣に考える必要があると思います。

櫻井　斉藤さんたちの時代は、アダルトコンテンツは、コミュニケーションとセットで手に入れていたのですね。制限があって、依存症の三条件に当てはまらなかった。そこが今は対画面で完結してしまいます。この弊害は、とても大きいと思います。

ワイヤレスイヤホンを耳につけてしまったら、音を漏らさず聞くことができます。自分の部屋があれば、ゆったりと、どうどうと、その時間に浸ることができます。

ちなみに、そのもっと前の世代の私は、動画を見るのだったら、日活ロマンポルノの興行。興味がある女子たちで、部活休んで隣町まで自転車で遠征しました。あの日の夕焼けは忘れません（笑）。

斉藤　日活ロマンポルノに自転車で遠征（笑）。今の子どもは信じられないでしょうね。スマホをもっていて、成人まで全くアダルトコンテンツに触れない男の子は、はたしているのだろうかと思うほどです。

櫻井　他者に性的に惹かれないアセクシュアルの人たちから、性的画像に全く興味がないけれど、「試しにポルノを観てみた」と打ち明けられたこともあります。興味ないのにポルノチャレンジしてみるのですよね。通過儀礼みたいになってます。

私たちのセックスはAVに影響を受けている

櫻井　私たちのセックスが、AVにどれだけ影響を受けているかを示す一例としては、オーラルセックスが分かりやすいかもしれません。少し前のデータですが、日本家族計画協会会長の北村邦夫先生が、世代ごとにオーラルセックスをするかどうか調査されました。その結果、

この一年間で、口腔性交の経験があるか
（口腔性交とは、男性の性器あるいは女性の性器を口で刺激すること）

	合計	毎回している	時々している	ほとんどしていない	していない	不明
女性	2695	24.0	32.8	10.9	25.3	7.0
10代	88	28.4	45.5	6.8	6.8	12.5
20代	998	32.2	40.4	10.0	10.8	6.6
30代	874	24.3	33.3	12.4	22.3	7.8
40代	494	14.8	23.1	12.1	42.7	7.3
50代	187	7.0	17.1	9.1	64.7	2.1
60代	46	2.2	2.2	4.3	84.8	6.5
年齢不詳	8	25.0	37.5	12.5	25.0	0.0
男性	95	27.4	37.9	11.6	12.6	10.5
性別不明	8	12.5	37.5	12.5	37.5	0.0

出典：北村邦夫「医療機関受診者の性意識・性行動調査」（2012年）

ポイントが全然違うのです。10歳年齢が下がるごとに、「必ずする」の割合が10％ずつ上がっていきます。私はこれはAVの影響ではないかと考えています。

また、2017年の「ジャパン・セックスサーベイ」によると、セックスについて初めて知った方法で、「インターネット情報」と回答している割合が多く、年代が上になるほど、「雑誌・小説」と回答しています。インターネット情報とは、ほぼ無料で視聴できるアダルトコンテンツであると思われます。

斉藤　かなりの割合で、我々の性

セックス（性交渉）について初めて知った方法（媒体）は？

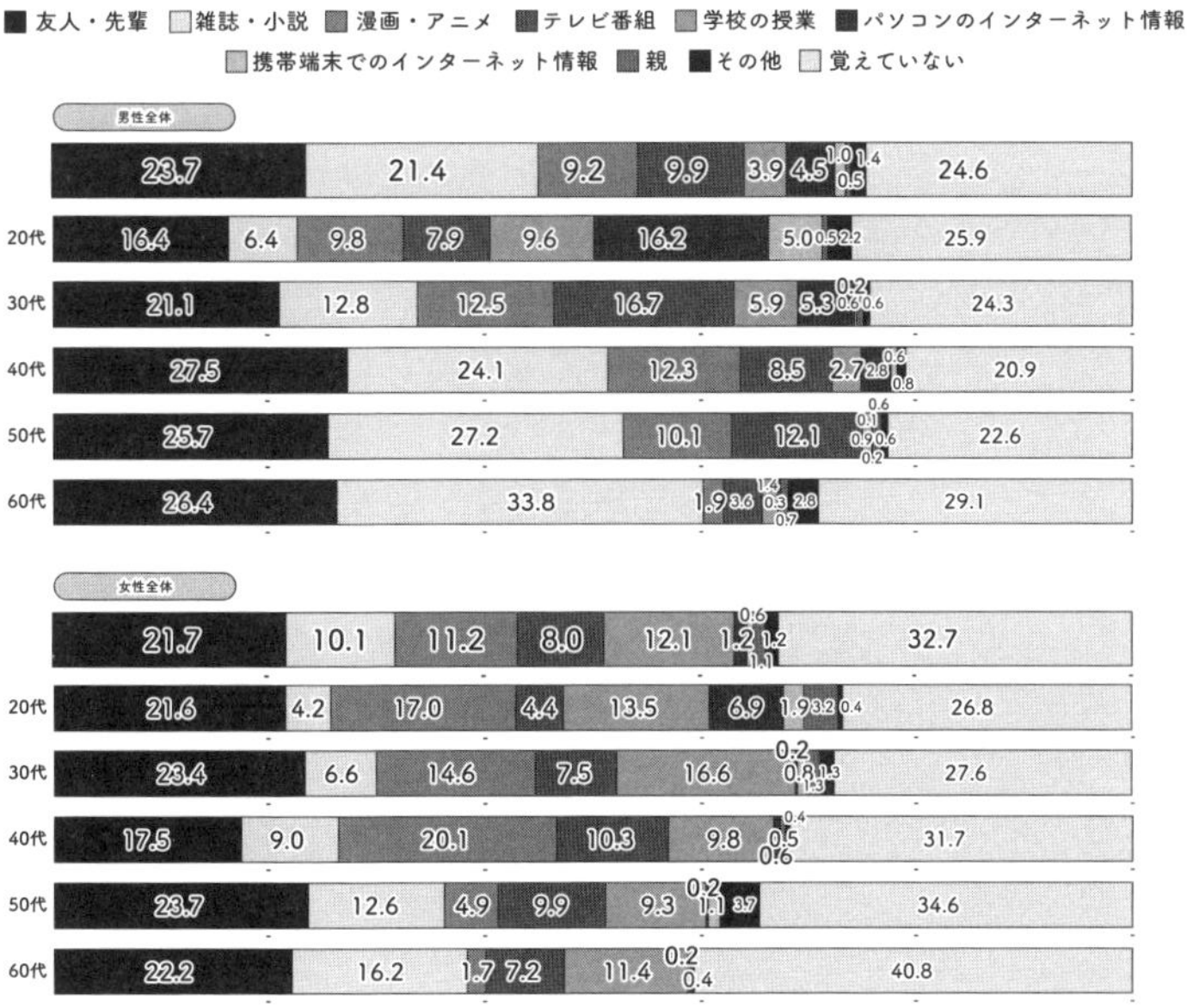

出典：ジェックス「ジャパン・セックスサーベイ」（2017年）

行為はＡＶから影響を受けているということですね。一時期は、「顔射＝顔面射精」っていうジャンルが流行しました。これもユーザー層（主に男性）にニーズがあると思って、最初に試みた仕掛け人がいるわけです。今自分が夢中になっているアダルトコンテンツは、もしかしたら、そのようなプロセスの中でつくりあげられた条件付けの中で性的欲求を刺激され、知らないうちにコントロールされているということに自覚的になっておきたいですね。

櫻井　そうですね。操られているんですよね。その証拠に、パトロールしているわけではありませんが、「顔射」というのは、一時期よりも聞かなくなりました（笑）。流行りもあれば、廃りもあるわけです、しかしこれは誰にとってもよくない気がします。ＡＶ業界の人も、新しいジャンルを開拓し続けるのはしんどいでしょうし。

斉藤　ＡＶはユーザーのニーズをリサーチしつくして商業的につくられている、つまり、幻想なんだということを学ぶことができる性教育が必須だと思います。

ＡＶを見て感じる「男根コンプレックス」

櫻井　プログラムで、男根コンプレックスについて話し合った回がありましたが、ペニスのサイズに自信がないとか、不安だという意見が出て、めちゃめちゃ盛り上がりました。男性器に囚われている感じがすごくします。

斉藤　男性の中には、異性からモテるためには、性的に喜ばせるためには、ペニスが大きいほうがいいと思いこんでいる人たちが多いです。なぜそこまで男根に過集中するのか、不思議なくらい囚われていますね。

櫻井　プログラムの参加者の中に、男根コンプレックスについて熱く語る方もいらっしゃいましたね。

斉藤　そうでしたね。

櫻井　膣の中にペニスを入れたときに、大きいほうがいいと思い込んでいる人は多いです。しかし、女性のセックスの気持ちよさはペニスの大きさとはそれほど関係がないです。その説明に「何だ、俺でも大丈夫だったのか」などと呟きが聞こえることもありました。印象的な場面でした。

斉藤　専門家から事実を教わって、そのことで認識が変化し男根コンプレックスから解放されて楽になったのかもしれません。

櫻井　ペニスの大きさについて、中学生、高校生からもよく質問されます。大きいほうがよいとの思い込みは、世代を問わず多いんです。これもやはりＡＶの負の影響だと思います。ＡＶ俳優って、男性器がやたらと大きい人が多いですから。それと、女性も胸が大きい人が多い。

斉藤　多分ほとんどの俳優は平均よりも大きいのではないでしょうか。男性器の場合、大きいほうが、モザイクがかかっているときに、絵として成立しやすいでしょうから。もしかしたら私が知らないだけで、ペニスのサイズが小さい男性のジャンルもあるのかもしれませんが。

女性の膣について理解できるとコンプレックスから解放される

櫻井　ペニスの大きさについて質問や相談があった場合、女性の膣の構造と性質について説明をします。

斉藤　プログラムでも櫻井さんから女性器の話をしてもらいましたよね。

櫻井　女性器の大きさ、構造と性質を説明しました。伝えたのは、こんなことです。

①柔らかく柔軟でやや鈍感でいられる。

②一般的なイメージより奥行きがなく、おおむね7㎝＝中指くらい。

③伸縮できる。

膣は、対象に合わせて伸縮できる包容力のある部位です。膣から子宮にかけては、ものすごく柔軟だという話をしました。

個人差はありますが、一般的に膣の奥行は7センチぐらいとされています。長さとしては、中指ぐらいです。ペニスが勃起して7センチ＝中指ぐらいあったら大抵満たされるわけです。この説明をしたとき、プログラムでは、「めちゃめちゃほっとした」「安心した」という空気が流れました。中学校・高校でも同じ空気になります。

ペニスが大きくないとモテないと思い込んでいる子ども、大人もいます。「ペニスの大きさとモテは無関係。モテる人は服脱ぐ前からモテてる」と言うと、全体が深い納得感に包まれます。

斉藤　プログラムでは参加者全員がすごい食いついて前のめりで聞いてました。「俺でも大丈夫だったのか」との発言を聞いたのも、確かこの話を聞いたときでした。

櫻井　男性不妊の治療されている泌尿器科医師は、勃起して5センチあれば生殖能力には問題ないとおっしゃってます。それよりも小さかったら、男性ホルモンが足りないなどの心配があるので受診が必要ですが。

あるとき男子校でこの話をしたら、感想文の半分以上が「安心しました」「ありがとうございます」「今日学校に来てよかったです」「何だ、7センチでよかったのか」というものでした。

彼らは今までとても悩んでいたんだろうと思います。誰にも聞けず、ずっと抱え込んでたのだとしたら気の毒でもあります。安心できてよかったです。

斉藤　男根コンプレックスの裏側には、女性の性器の構造を正確に知らないことによる不安があるということですね。男性自身を男根コンプレックスから解放するために、男性器とともに、女性器についても詳しく学ぶ機会があるといいですね。

櫻井　そうですね。女性器の構造は、知っておいてほしいと思います

　それと、「ペニスは大きいほどよい」という思い込みは、「セックス＝膣にペニスを挿入する行為」であるという誤解とセットになっています。挿入が全てではない、挿入を求めない人もいます。AVだと挿入のみをクローズアップするのでこういった誤解が生じるのかも知れません。

斉藤　挿入シーンはアップで、これでもかというぐらいしょっちゅう出てきます。

櫻井　それで、「大きい」とか「す

女性器の構造

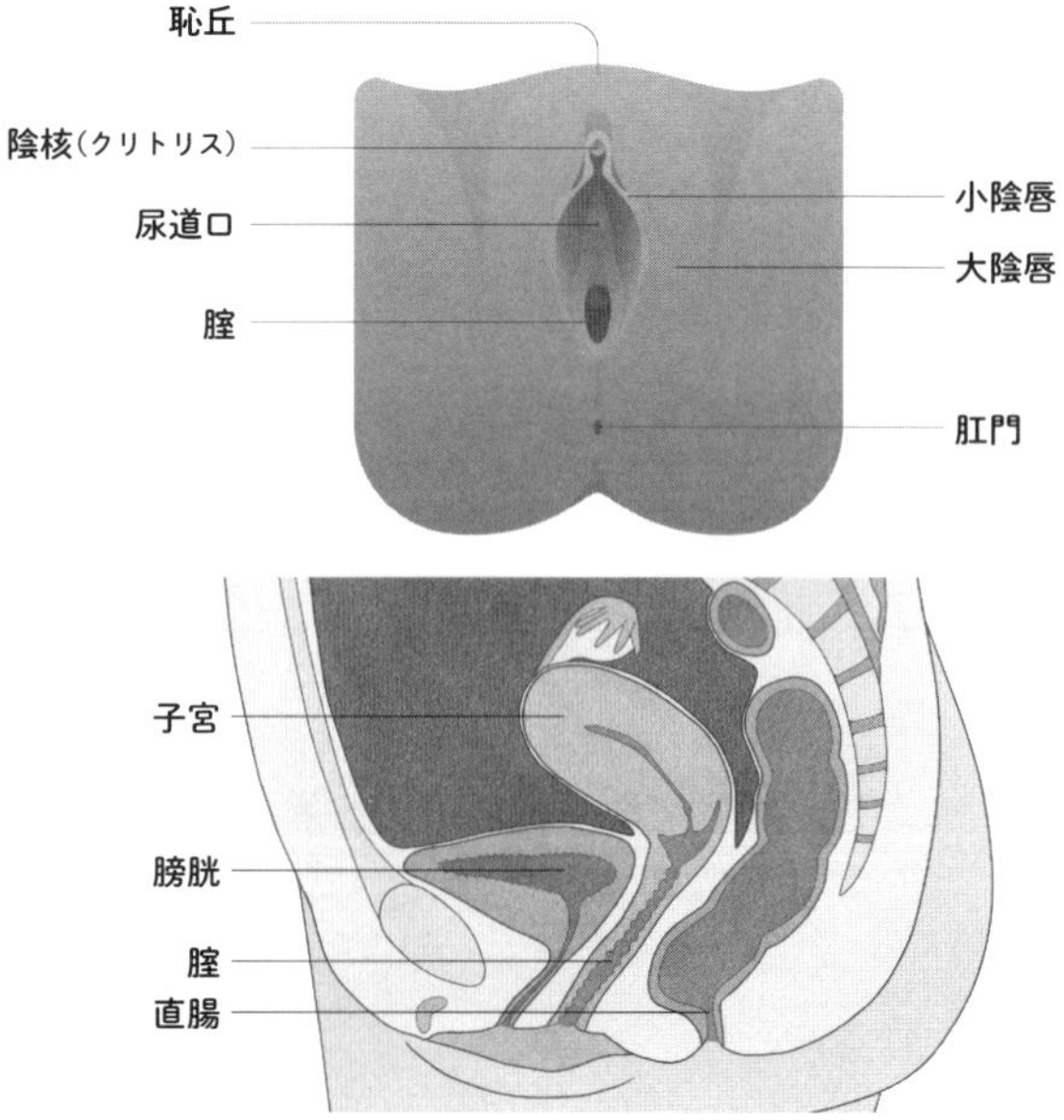

ごい」とか、挿入された側が喜ぶ演技があるので、誤学習してしまいます。

斉藤　そういったセリフをAV女優さんに言わせますからね。例えば割礼は、美容整形業界が戦略的に捏造して広めた事実は今やよく知られるようになってきました。ペニスが大きいほうが、セックスのときに女性を喜ばせることができるというのも、AV業界が同じように戦略的に広めたものじゃないかと疑っています。

女子もAVの影響を受けている

櫻井　しかも、深刻なのは、AVの影響で大きくないと気持ちよくないと思い込んでるのは、男子だけじゃなくて、女子にもいるということです。

ある学校で、講演が終わった後に数名の女子高生がおしゃべりにきてくれたことがありました。そこでパートナーである彼氏（以下「彼」）のペニスサイズについての話になりました。「うちの彼ペニスがちっちゃくって、なんかいまいち満足できないんだよね」と一人の子が言ったんです。そしたら、「本当あいつ、ちっちゃいよね（笑）」と、女子同士で、なぜかペニスサイズ情報を共有してるんです。それも謎でしたが、彼のペニスが小さいから満足できないというのは、本当なのだろうかと。

「満足度が決まるのって、挿入中？」と聞くと「挿入中」だと答えるのですが、本当にそうかは疑問です。

斉藤　ＡＶによる思い込みでしょうね。

櫻井　はい。そういった間違った思い込みや刷り込みがあるのと、あとは仲間同士で強化された歪みのようなものを感じました。

「実際彼とのセックスは気持ちよくない」というのは「挿入以前の問題なんじゃないかな」と、少しずつ紐解いていって、初めて彼女たちは根底にあるものに気が付き納得しました。

斉藤　大事ですね。きっと女子も刷り込まれています。櫻井さんには、その誤解を解く「布教活動」もこれからずっとしていってほしいです。

櫻井　あと、ＡＶでは、女性をモノのように扱う映像が多いですが、それを見た女子が、モノのように扱われても相手の要求を受け入れなければいけない、ああでなければいけないと思い込んでいる。やたらと喘ぐじゃないですか。

斉藤　確かにそうですね。

櫻井　あんなふうに喘ぐほど気持ちよくならないのは、自分が悪いと思い込んでいる女子もいます。また別の例なのですが、「彼とセックスして気持ちがよかったことがない。痛いし、しんどい。私は不感症なのかと悩んでいる」と相談に来てくれた子がいました。「相手が下手くそなんじゃない？」

と冷たく言い放つと（笑）、「元カノたちは、彼はセックスが上手だって言ってた」と。さらに、彼は「お前が不感症だから、お前とやってもよくない」と言われたと。聞きながら怒りが湧いてきました。

「気持ちよくないのは、お互いの問題。セックスは二人で作り上げるもの、二人で気持ちよくなるようコミュニケーションとらなきゃだよ。一方的にあなたのせいにするの乱暴だと思う」と話しました。彼女は「元カノみんな気持ちいいって言ってるのに、自分だけ気持ちよくないっていうのがコンプレックスだった」と。これは私の想像ですが、多分、元カノたちには嫉妬もあったのでしょう。彼はセックスになると、とにかくすぐに挿入するそうで、おそらくそれが痛みやしんどさの原因です。決して彼女のせいではないと思います。そして彼もAVの影響で誤まったセックス観を刷り込まれているのかも知れません。その後セックス談義をにぎやかに展開していたら、隣の部屋で待機されてた担当の先生が、「どこまで聞いていいのかって。居心地悪かったです」と（笑）。

「男らしさ」「女らしさ」から脱して生きる

斉藤　著書『男尊女卑依存症社会』（亜紀書房）の中でも書いたのですが、日本で依存症に苦しむ人が増え続けているのは、社会から期待されている「男らしさ」「女らしさ」というジェンダー規範に過剰適応しようすることによる生きづらさが根っこにあるのではないかと考えています。

例えば、ある男子高校生は、クラスのリーダー格の男子からの依頼を断り切れず、女子を盗撮してしまいました。それをホモ・ソーシャルコミュニティの中で「男らしい」と承認されたことで行動が強化され、盗撮を繰り返すようになり最後には通学で使う駅で逮捕されました。痴漢が常習化した加害当事者は、女性に人格があるとは思ってなくて、モノや的のように、せいぜい「ストレス発散の道具」くらいにしか見ていません。

これらの事例には、日本の男尊女卑的な価値観が凝縮されているように感じます。このような価値観は、日本に根強く残っている家父長制を支える思想として権力者から都合よく利用されてきました。そして、多くのAVは、こうした男尊女卑のホモソーシャルの絆を強化する装置として機能し、その中で評価されるようにつくられています。つまり、男性による男性のためのコンテンツで、多分に家父長制的な価値観が反映されているということです。

櫻井　結局、ペニスが大きいほうがいいというのも、そうしたAVのホモソーシャルな価値観だと思います。

先日、とあるイベントに斉藤さんと参加しました。イベントが終わった後に、関係者の男性に試供品のコンドームを渡したんです。そのとき、その男性の知り合いが、「お前、これじゃ入らないでしょ」と。言われた男性もものすごく誇らしげに「これじゃちょっと無理なんですよね。僕」とわざわざ言うのです。私は一切ペニスの大きさなんか聞いてないんですよ。言われたとき、どうリアクションしていいかわからなくて。わざわざ「これじゃ入らん」と言う心理、意味が解りませんでした。

斉藤　それは、一見すると女性の櫻井さんにこころを開いている、自己開示しているかのような態度ですが、別の角度から見れば、櫻井さんを男性的なホモソな価値観に一方的に引きずり込むような会話なんですよね。

櫻井　そうだと思います。男性のマウントに勝手に組み込まれてしまった。男性が醸し出す、ペニスの大きさ基準の「カースト」構造は、どこから来るものなのでしょう。しかも、なぜ私に共有してくるのだろうかと思いましたが、今あらためて理解できた気がします。

斉藤　それは、マッチョな社会でサバイバルしてきた証でもあるんでしょうね。

櫻井　ええ、そうですね。

斉藤　男性器に対するコンプレックスが、もっと若い年代のうちに解消されると、楽に生きられるようになる男子がたくさんいると思います。そして、そんな男子が増えれば、「有害な男らしさ」にとらわれることなく、社会全体ももっと生きやすくなるような気がします。包括的性教育でこの呪いを解く作業を特化した形で実践している例はありますか？

櫻井　ないと思います。

斉藤 これ特化した取り組みできますよ。それぐらい悩んでる多くの若い男子がいます。

櫻井 榎本クリニックでお願いします。「脱男根外来」を。

斉藤 脱男根外来、理事長に聞いておきます（笑）。

第3章

ソロプレイ（マスターベーション）を大切にする

AVとセットになっているのが、マスターベーション（本書では以下「ソロプレイ」と表記）です。包括的性教育の実践者である櫻井さんは、健全なソロプレイは、自分の体のことを知る「体探検」だと述べます。ソーシャルワーカーである斉藤さんは、ソロプレイは「自分とのセックス」だと述べます。どちらも、健全な形ですることは、歓迎すべきということで意見が一致します。一方で、自らを傷つけてしまうようなやり方は、「自分からのSOS」であると警鐘をならします。

性依存症者に必ず自慰行為の回数を聞く理由

斉藤　先日、ある警察署で勾留されている高齢者の性加害の被疑者と面会してきました。不同意性交等罪。被害者は小学生で、加害者は性的同意や性交同意年齢の認識は全くなくて、信頼関係と力関係という権力勾配を巧妙に利用した、まさに教科書に書いてある通りの「純愛幻想」でした。

そこで、例のごとく、必ず自慰行為開始年齢と性行為開始年齢は何歳で、最後の自慰行為と性交為は何歳かをヒアリングしていきました。なぜなら、性依存症や性加害者の治療では、自慰行為は「自分とのセックス」という言い方をしますが、その習慣と、性的な問題行動の習慣がリンクしていることが往々にしてあるからです。強迫的な自慰行為をしたり、中には、加害行為が始まる直前に自慰行為の回数が極端に増えたりという場合もあるので、必ず聞くことにしています。

櫻井　私は、自慰行為は「ソロプレイ」と呼ぶことをおすすめします。なぜなら自慰、マスターベーション、オナニーという名称は、それぞれネガティブな意味合いやイメージを包含しています。最近ではセルフプレジャーと呼び前向きな捉え方ができるよう発信されていますが、なんとなくおしゃれ過ぎて私にはフィットしないので「自分とのプレイ」という意味で、「ソロプレイ」と呼びたいと思います。ですから、この本では、以降、私は健全なケースでは「ソロプレイ」、それ以外の場合は自慰行為やマスターベーションと記しますね。

本題に戻します。プログラムでは、最初に全員が近況報告をしますけど、この中でも「強迫的な自慰行為が増えてるから、自分ちょっとやばいな」っていう告白が多いですね。

斉藤　そうですね。加害者臨床における強迫的な自慰行為というのは、TPOをわきまえない自慰行為を指します。自分とのセックスは、基本は誰かに見せてやるものじゃない。プライベートな空間で他者の気持ちを害さない場所でやるものです。

例えば、職場とか、屋外とか、それが発覚したら、明らかに公然わいせつになってしまう場所でするのはルール違反です。そんなケースは、自分をコントロールできてないわけです。あとはまるで自分を傷つけるような、自傷行為的な自慰行為もこれに該当します。性器を傷つけることも含めて強迫的な自慰行為というのは、そのような類の行為を指します。

櫻井　睡眠時間を削ってまで、食事もそこそこにふけったみたいな話もありますね。

斉藤　あります。「とらわれ」に近いですかね。生活の中の「大事なものランキング」をつけるとします。睡眠はかなり高くて、食事、仕事、家族との関係とかも高いという人が多いと思います。そういうものより自慰行為のランキングが最上位に来てしまいます。

櫻井　日常生活よりも、優先順位が高くなっている。

斉藤　そうです。

櫻井　そういった自慰行為は、純粋な性的な快楽のためじゃなく、「自傷行為」に近いのかなと感じます。自分の健康を削ってまで自慰行為にふけるっていうことですから。でも、これがよくないということがわかってるから、近況報告の中で説明してくれてるんだと思うんですけど。

斉藤　先ほど触れた、自傷行為のような自慰行為には、「負の強化（下図参照）」の側面が強いです。心理的な苦痛の緩和で、自分の中にある否定的な感情を自慰行為によって棚上げする、遠ざけているのです。

櫻井　健康に生活できていて、自然な流れでソロプレイの回数が増えるのとちょっと違う意味合いがありますね。ソロプレイは自分とのセックスである。自分を傷つけるようなセックスをしていることに気が付いたら、一度立ち止まって、自分のことを見つめてほしい。こうしたことを共有する必要がありますね。

ソロプレイそのものではなく、「強迫的な自慰行為」が問題

	加える（＋）	除去する（－）
心地よい刺激 （正の強化子）	正の強化 （行動の増加）	負の罰 （行動の減少）
不快な刺激 （負の強化子）	正の罰 （行動の減少）	負の強化 （行動の増加）

櫻井　高校生から13回連続ソロプレイ記録を樹立したという報告を受けたことがあります。彼は、途中から痛くて気持ちよくなかった、でも、誰にも破られない記録を残したくて頑張ったのだそうです。理解できませんが（笑）、彼の場合は、好奇心と名声のため（?）で、何か嫌なことを忘れたりするためや、誰かに嫌な思いをさせたりしていなかったので、問題はないと思います。まあ、「チャレンジする必要があった?」とは言いましたが（笑）。

斉藤　包括的性教育の中で扱われるソロプレイと、加害者臨床で扱うソロプレイとの「付き合い方のすり合わせ」を行っていく必要性を感じました。

櫻井　はい。その違いは明確化したほうがいいなと思ってました。

斉藤　性依存症からの回復のための自助グループでは、大別して2つのグループがあります。「SA（セックスアホーリクス・アノニマ＝無名の性依存者の集まり）」と「SCA（セクシュアル・コンパルシブズ・アノニマス＝無名の性的強迫症者の集まり）」です。SAでは、基本的には配偶者以外との性行為はすべて禁止で、マスターベーションも禁止してます。マスターベーションも「スリップの概念」に入ります。かなり禁欲的なルールですよね。

SCAはもっと柔軟で、そこで使う言葉を借りて言うと「性的しらふ（ソブラエティ）の定義は個人に委ねられる」という考え方を採用しています。その人が想定している一番の問題行動を「スリップ」とした場合、自慰行為がスリップになる人もいれば、風俗に行くことがスリップになる人もいます。今までの再発のパターンを振り返って、自慰行為をすることでやがて一番の問題行動につながってしまう場合は、自慰行為もスリップの定義に入れましょうとなります。でも、自慰行為をすることと、例えば痴漢行為をすることに全く因果関係がなければ、それはスリップじゃないですよ、という形で結構柔軟に捉えます。こういうふうに自助グループによって自慰行為＝「自分とのセックス」ということの捉え方が違います。

私たちのクリニックは主にＳＣＡの考え方を採用していて、必ず初診のときに自慰行為の歴史、どういうアダルトコンテンツに触れてきたかなどを詳細に聞きます。この辺はすごく大事なところで、ヒアリングしていていると、明らかに性加害の問題と自慰行為の習慣が地続きであるタイプの受診者が多いです。

櫻井　皆さん、性加害の問題と自慰行為に関係があることを認めますか？

斉藤　初期の段階は、「いや、関係ありません」って否認する人がいますが、だんだんとプログラムを通して気付いていきます。

私は、個別性はあるにせよ、倒錯的なアダルトコンテンツに触れて自慰行為をしながら性依存症の治療をするというのは、アルコール依存症者が毎日お酒をちょびちょび飲みながら、治療するようなものだと思っていますが、一律で完全に自慰行為をやめるべきという話には、ちょっと懐疑的です。これは、後で詳しく述べますが、性依存症治療におけるハームリダクションという考え方によるものです。プログラムでは、性を抑圧したりとか、禁欲したりすることではなく、強迫的な性のとらわれを手放して、よりよく自分の性と付き合っていくことが目標です。ですので、やはり自慰行為のルールはあらかじめ決めていく必要があると考えます。

櫻井　どのようにしてルールを定めるのですか。

斉藤　性的しらふの定義は個人に委ねられる。これがSCAの定義です。だから自慰行為に関してはダメなものは、さっきのTPOをわきまえないものや他者や自分を傷つけるもの。あるいは、いわゆる「抜きどころ」がずっとなくて、どんどん睡眠時間が短くなって、治療がおろそかになるといったこと。これは本末転倒なので、避けるべきです。それと、問題行動に関連するものは自慰行為に使わない。例えば盗撮の人は盗撮のサイトを避けるとか、自分の問題行動に直接関連のあるアダルトコンテンツは使用しないという大原則あります。もちろん、児童ポルノもNGです。

性依存症患者に「オナ禁」をすすめた結果

斉藤　あとは、自慰行為を続ける人とやめる努力をする人に分かれます。しない人というのは「オナ禁」を目標とする人です。私が担当しているグループでは、数名がオナ禁をしています。つまり、回復の中で自慰行為しないという選択をしている人たちです。あとは、具体的なルールを決めて

「する」ことを選択する人もいます。週何回とか。みんな「回復カレンダー」にシールを貼るんです。赤と黄色と青のシール。青のときは安全。黄色のシールは引き金を引きそうでリスクに近づいてしまった。赤のシールは再発or再発類似行為をした。カレンダーの数字の下に、自慰行為した日は「マルマ（○の中にマ）」と書きます。自分のマスターベーションのパターンをカレンダーで見えるようにします。そんなふうにして、取り決めをしながら柔軟にルールを変えていく人もいれば、ずっと同じルールでいく人もいます。

最初、オナ禁を選択して、回復のプロセスでそれを解除する人もいます。ちゃんとスタッフと相談して解除することになってるんですけど、そのときにやはり反跳現象、リバウンドが起きるので、そこを踏まえてセクシュアル・リカバリープランを考えないといけません。ダイエットのリバウンドは、痩せる前の体重より増えることです。自慰行為の場合、やめていた人が急に再開したら、以前よりも強迫的な自慰行為の仕方に戻ってしまうことがあるので、そこはよくよく相談しながら進めていきます。

性依存症治療における自慰行為の扱いは、簡単に言うとこんな感じです。何でもかんでも禁止してないけども、柔軟なルール設定をしているというのが、このプログラムの中での自慰行為の取り扱い方です。

私自身はプログラム参加者に対して、過去の犯行サイクルをアセスメントして時々個々にオナ禁の提案をすることがあります。「一定期間やめてみて、自分の体にどういう変化があるか、一生と考えるのではなくまずは3ヶ月間と期間を決めてやってみましょう」って。そこで、必ず返ってくる反応が「いや、そんなことしたら、性欲がたまって、リスクが高まると思います」というもの。みんな同じ反応ですね。どうやら、男の性欲は定期的に射精という方法で発散しておかないと爆発するという都市伝説があるようです。

でも実際にオナ禁をやってみたら、そういうとらわれがなくなって、「結構、朝すっきり起きられます」「朝トイレでおしっこするときもすごい楽です」「情報処理能力が目に見えてあがりました」「規則正しい生活時間が送れるようになりました」など反応は様々です。マスターベーションにとらわれていたときは、尿道を通るときに重たい感じがしたりとか、痛みを感じたりすることもあったけど、そういうのがなくなると言うのです。あとは、「自慰行為をしないといけない」という強迫観念に支配される時間が減ったという人が多いです。アルコールを絶った人も似たようなことを言うことがありますが、極めて肯定的な反応が多いです。

櫻井　10代に提案することはありますか?

斉藤　ありますが、「いや、ちょっとそれは厳しいですね」という反応が多いです。そう言われたら強制はしません。これは治療過程の中で変化するものですし、自慰行為をするという前提でルール設定していこうという話になります。

櫻井　「どんなルールが必要だと思う?」という聞き方ですか?

斉藤　その聞き方だと提案内容が広すぎて彼らは決められないので、こちらから例を出します。Aさんはこういうプラン、Bさんはこういうプラン、Cさんはこういうプランというふうにしていると具体的に例示します。もちろん、自身の問題行動に関連するアダルトコンテンツを避けるのは大前提です。このプログラムは主に金曜日におこないますが、それ以外の木曜日のミーティングなんかでは、自慰行為の報告を逐一する人は結構います。私のクリニック携帯に電話がかかってくることもあります。朝五時に「昨夜自慰行為やっちゃいました」って(笑)。

櫻井　朝から自慰行為の相談を受ける(笑)。

斉藤　「斉藤さん、昨夜自慰行為やっちゃったんです」って。私は基本いつも早起きでそれより前に起きてるんですが。で、「もう一回クリニックでルールを見直しましょうか」と対応します。もちろん、自慰行為自体が再犯につながるパターンの方もいるので、本人にとっては深刻な問題です。自慰行為についてカミングアウトするのは、プログラムの現場では当たり前なのですが、他の依存症の自助グループや治療現場ではあまり見かけない光景でしょうね。

自分の自慰行為を言語化する

斉藤　ここまで述べてきたプログラムの内容は、自慰行為＝「自分とのセックス」を言語化するという内容でした。男性は、自分がどんな自慰行為をしてきたかとか、したくなる周期にどういう傾向があるのか、女性の生理周期のように一ヶ月のパターンをちゃんとレコーディングしている人は見たことがありません。自慰行為を始めた頃から、あまりにも日常化しすぎていて、言葉や文字にすらしてない人がほとんどだと思います。

性依存症のプログラムではそのあたりをしっかり言語化、外在化して仲間と共有して、じゃあ「自分とのセックスはこれからどうしていこうか」というのを考え直します。自慰行為は、男性にとっても女性にとっても、すごく大事な行為なのにも関わらず、極めてプライベートな行為ということもあって、ほとんど公に言葉にされてきませんでした。

第1章で述べましたが、依存症からの回復を考えると、仲間に伝えるために言語化するということは、その行為を大切にするということとイコールです。仲間とのわかちあいを通して共感と癒しの中で言語化することで、自分とのセックスを大切にしていくことを学んでいきます。

プログラムの中で日々行うミーティングでは、設定するテーマによってはみんなそれぞれが赤裸々にどういう自慰行為をしてきたのかを正直に話すのですが、結構「そうなんだ！」といった発見に似た声があがります。例えば、今はアダルトグッズもいろいろありますけど、昔はこんなにバリエーションはなかった。漫画などでこんにゃくが気持ちいいとか、カップヌードルがいいとかもはや都市伝説レベルのように言われていて、実際それらを模倣して自慰行為をやったことがある人もいるわけです。でも、そういう経験を自らの性のヒストリーとして話したことがない。そういうライフヒストリーを、仲間に伝わるような形で体験談として共有します。実は、自分が歩んできた自慰行為の歴史を振り返りながら話すことで、自分の性についての理解が深まるし、支え合う仲間との相互理解も深まります。もちろんこれは、誰に対してでもオープンで話そうと提案するわけではありません。あくまで、性の問題をもった人たちのグループにおいて、専門家のサポートのもと秘密が守られる環境で話すのは、気づきが促されとても有益です。

櫻井　プログラムで実感するのは、何度も言うように、正直に言語化することの重要性です。ごまかさずに語る。性に関することはどうしてもごまかしたくなります。特にソロプレイのことは言いたくない。セックスの方が言いやすい印象です。なんとなく。語り合えない、教えられない。そんなテーマを共有できる時間と空間が、彼らに安心をもたらしているのかもしれませんね。

斉藤　自助グループの中でも、回復の真髄は「正直に語ること」だと言われています。例えば、櫻井さんが女性一人で参加したとして、彼らが語ることがどんなに目をおおいたくなるようなリアルな性加害の内容であっても（もちろんそこにいる人に配慮する必要はあるのですが）正直に語れる場所があるのは、彼らが今日一日加害しないために必要なことです。

そういう場所は、本来は依存症の人じゃなくても、必要だと思います。世界でここだけは、自分のありのままの話を安心してできる、しかも、安全な場所で。だから、これは極論であり、比喩表現として言ってるのですが、みんな一回何かの依存症を経験したほうがいいと思っています（笑）。依存症になれば、生涯の仲間と出会える自助グループへのパスポートがもらえるのですから。

ソロプレイについて子どもたちに最低限伝えたいこと

櫻井　私が性教育で対象としているのはほとんど思春期の子たちで、ソロプレイをしないという選択がしにくい層の人たちです。「オナ禁」という提案は、難しいと思います。私が提案するのは、「ルール決め」です。他人を不快にしないためのルールとか、自分を傷つけないためのルールなどは提案します。あくまでも提案で、最後は自分で選ぶんですけど。前提として加害してないことがあるので。

斉藤　そうですよね。こちらは性加害してるのが前提ですから。

櫻井　加害している人に向けての提案と、してない前提での教育は全然違います。ただ、誰かに嫌な思いをさせないとか、自分の健康状態に影響があるような強迫的な自慰行為をしないっていうのは、共通だと思いました。

性依存症治療では、自慰行為は「自分とのセックス」だという表現がありました。私が書いた性教育の本では「からだ探検」って表現しています。先ほど述べた「セルフプレジャー」という表現を導入されたのは性教育界のレジェント、村瀬幸浩先生です。自分を自分で幸せにするっていう。まさに、この考え方ですね。

斉藤 そうですね。その言い方のほうがスマートな感じで美しい。本来、自慰行為というのは自分で自分を気持ちよくする素晴らしい行為なのですから、美しい行為なのです。ところで、女性と男性では、性教育の中での伝え方は違いますか?

櫻井 性別で分けて伝えてはいません。ソロプレイについて伝えるのは、

・ソロプレイ、やさしく丁寧、清潔に
・ソロプレイ、風呂かトイレか、布団の中で
『10代のための性の世界の歩き方』(時事通信社)より

といったことです。ただ質問があるのは男子からが大半です。

斉藤 どんな質問が多いですか?

櫻井 頻度や回数、時間、「おかず」、「正しいやり方」という質問を、講演会後、全体の場でするのはこれまで圧倒的に男子でした。

女子からの質問は少ないです。ソロプレイに取り組むこと自体に後ろめたさを感じている子が多いです。だから他人には聞かれたくないと。

先ほどもお示しした「ジャパンセックスサーベイ」２０２４ではソロプレイの頻度を調査しています。若い年代ほど女性もソロプレイを経験しているのがわかりますが、男性と比べると少数派です。そしてみんなの前で質問したりみんなで共有したりはしにくいのが現状です。

「正しいやり方」を聞かれることも多いです。「正しい」というのは、モラル的なものではなくて、手法みたいなものだと想定して答えます。モラル的なことなら、先ほどのルールを伝えます。また、ＡＶを「お

ソロプレイの頻度（Qマスターベーションの頻度はどれくらいですか。【1つだけ】）

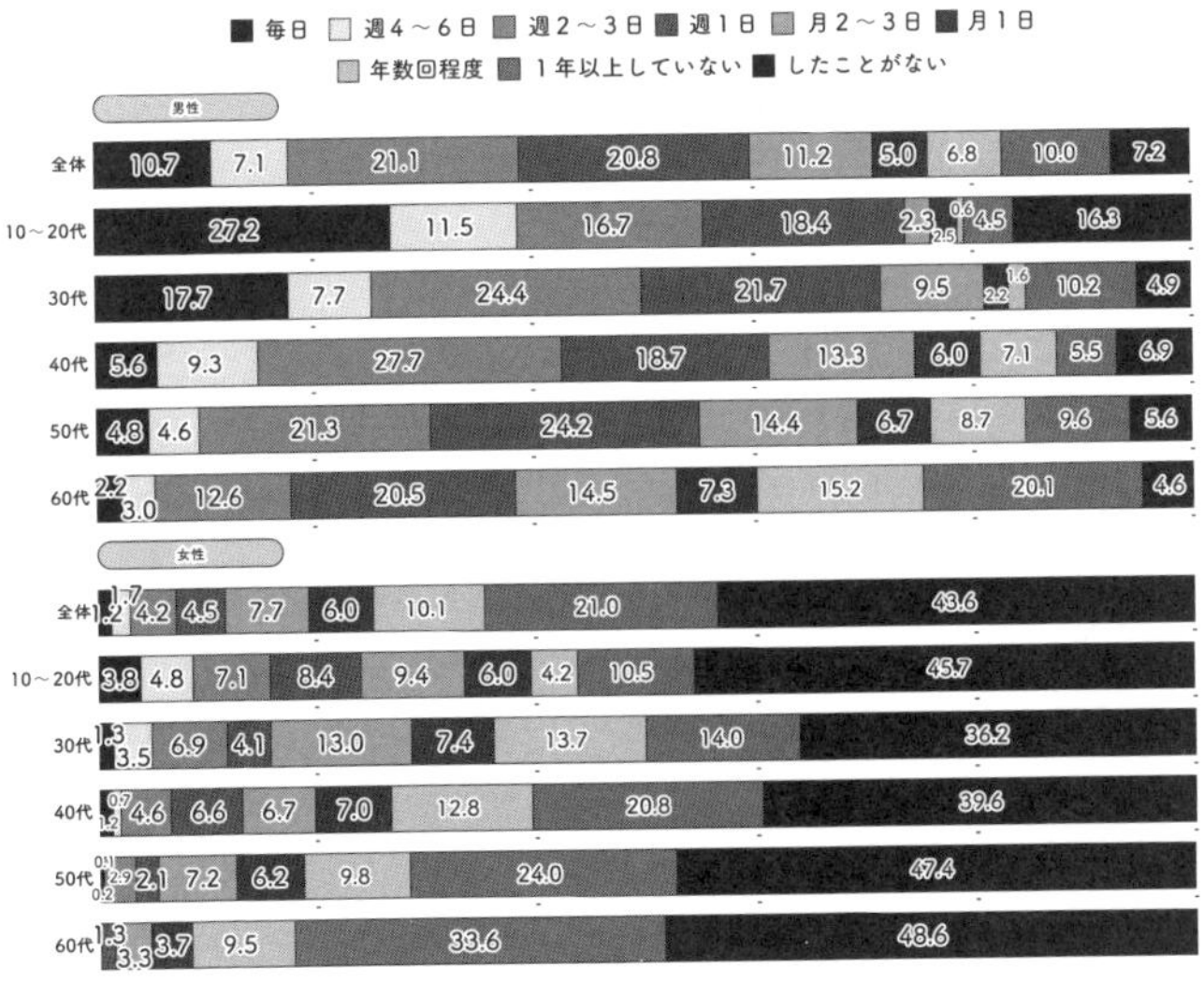

出典：ジェックス「ジャパン・セックスサーベイ」（2024年）

かず」にしている子は非常に多いです。ほとんどと言っていいと思います。一応18禁ですが、そんなものを守っている子はいないでしょう。少し前にお話しした、アセクシュアルを自覚していながら「試しに観てみた」という子もいましたし。ソロプレイのおかずにするのは止められないけれど、どんどん強い刺激を求めていくのもどうかと思いますね。たまには薄味なおかずに挑戦してみてほしいです。また、何度も言いますが「AVはツクリモノ」。相手のいるセックスの参考にするのはやめたいですね。

子どものソロプレイが不安な保護者の方へ

櫻井　保護者の方から「ソロプレイに気づいたら、どうしたらいいですか？」と聞かれることはよくあります。これ、どうお答えするか性教育をやっている仲間にも聞いたことがあるんです。みな答え方が違いました。私は自分なら「スルー」を選択するだろうと思います。ってか、なんもできないっしょ（笑）。ソロプレイは究極のプライベート、気がついたとしても口出ししないのがマナーかなと。思春期の子たちに「親に見られた！　その時親にどんな態度でいてほしい？」と聞いたことがあります。ほとんどの子が「黙ってその場を立ち去り、以後一切触れないでほしい」と言っていました。そりゃそうだよな。と思います。

斉藤　すごく幼くして、それこそ幼稚園からやめられなくなるとかだと、親も不安になりそうですが、何歳からやっても構わないですか？

櫻井 何歳からでも構わないと思います。性器へのタッチは乳幼児期からやっています。それを止めたりする必要もないです。「ばい菌入っちゃうよ」と脅してやめさせていた時代もありましたけど。徐々に、ルール決めができるとよいですね。例えば幼児さんで自分の性器を頻繁に触ってることがあります。強く刺激してるときは、「優しく触る」人前でタッチを繰り返すときは「プライベートな空間、自分だけの場で」というシンプルなルールです。もちろん、その子がわかる言葉を選んで。家の中でも、リビングなど共有スペースは、パブリックな場所、「ここではしない」などと区別をつけたほうがいいでしょうね。このとき「ここならＯＫ」な場所も伝えられるとよいと思います。例えば「風呂、トイレ、自分の布団の中」などですね。幼児期の性器タッチからやがて本格的なソロプレイに発展していくのも自然なことと受け止められるとよいですね。

斉藤 つまり、「包括的な性教育」ですね。

櫻井 そうですね。とても大切な「包括的性教育」です。自然なことなので保護者もそのように受け止めて介入は最小限、ルールはシンプルに、目に余ること以外はスルー、が基本かと思います。

斉藤 実は私のひそかな目標は、息子たちとソロプレイの話が自然とできるようになることなのです。汚いとか、いやらしい話とかではなく、成長過程で当たり前のことであって、別に恥ずかしいことじゃないし、と。もちろんプログラムに参加している当事者みたいに「昨日パパやったよ」というカミングアウトはなくていいですけど（笑）。困ったときは相談してほしいなと思います。
プログラムの中では、私も正直に自らの性体験について語ります。一回みんなでオナ禁をしてみようということになったんです。オナ禁の効能を説いてもあまり理解してもらえないので、みんなでやれば理解が深まるかと思って提案しました。8名くらいの参加者で、毎週ミーティングで報告するんですが、結構みんな頑張りました。3分の2ぐらいは1か月後くらいでも「やめつづけています」と。私はかなり早く脱落しました。言い出しっぺなのに（笑）。

櫻井　笑。プログラムでは、オナ禁を続けることより、そこで正直に「やっちゃいました」と言える関係がつくられていることが大事なのでしょうね。斉藤さんが一番最初に挫折したと言ってくれたのも、プログラムの参加者としては安心だったと思いますよ。

斉藤　私は自慰行為のシェアリングをきっかけに、例えば子どもにパートナーができて、性行為をして、ときに経験する失敗とか、いろんな悩みを普通に言えるような関係になれればいいなと思ってます。
これは私の個人の経験でもあり、加害者臨床を通じても実感していることですが、多くの男性は性について、父親からほとんど何も聞かされてきていません。私の父も自分の性に関して、何も話してくれなかった。父親も恋愛して結婚して、性交したから私が生まれているわけです。でも、自分の言葉で自分の性について語ってもらったことがなく、今になってみるとちょっと寂しいなという感じがします。

櫻井　ちょっと話がそれるのですが、うちは長男が高一ときにつきあい始めたばかりのパートナーを連れてきました。そのとき、挨拶もそこそこにコンドームの使い方を太鼓のバチを使って教えたんです。当然二人は固まりドン引きです。その後すぐ別れてしまいました……。責任の一端は私にあると思っています。

斉藤　強烈！　それはね、今からでもいいから二人に謝ったほうがいい（笑）。

櫻井　ＮＨＫＢＳの『専門家だってヒトゴトじゃない』という番組でこのエピソードを語ったら、タカアンドトシさんに「やりすぎ櫻井さん」とネーミングされました（笑）。数年後次男が高校生のときパートナーができたと報告をしてくれました。前のめりな私に、次男は大変冷静に「まずは仲よくなってね」と言われたことで、長男のときのことを反省しました。そして我が息子ながら素晴らしいなと感心しまくりでした。

斉藤　そうですね。加害者臨床も同様ですが、関係性ができてからでしょうね（笑）。

ソロプレイの原点

櫻井　先ほど少し話しましたが、乳幼児は性器をよく触ります。男児のほうが構造上触りやすいからあからさまですが、女児も性器への関心はあります。触りながら、身体の他の部分と性器の感覚の違いを体得しているんじゃないかと思います。

フロイトは「発達段階理論」の中で5つの発達段階を示し、0〜1歳を「口唇期」、その後「肛門期」「男根期」と続きます。快楽の芽生えは生後すぐから始まっている。これを否定している研究者もいますけど。快楽の質が発達段階によって変化して、本格的な性的快楽への欲求となり、ソロプレイとして継続する場合もあるし、一旦性器のタッチは止まって、成長してからまた呼び起こされる場合もあるんじゃないかと思います。

とある専門家集団のグループディスカッションでソロプレイの初体験について話しあったことがあります。ほとんどの人が性器を触ったときの特別な気持ちのよさみたいなものを覚えていました。自転車のサドルにまたがったとき、あと、オシッコ我慢した後、ようやく排尿できたときの感覚と言う人もいました。

木登りで木にまたがったときに、ちょうど陰核が当たったその感じがソロプレイの始まりだったかもしれないと言う人もいました。誰かに教わるというよりも、自分の身体を触った、あるいは偶然何か当たったということから芽生えるのかもしれません。

斉藤 人間の原初的なアディクションは「指しゃぶり」だと言われています。要は穴を埋めるというのが、アディクションの最も原始的な行為。「こころの穴を埋める」ってよく説明されるじゃないですか。いわゆる人間にとって一番最初の空虚感の埋め方は、指しゃぶり。

精神分析でいうところの口唇期、つまり、口に性的快感の感覚が集まる時期は、おっぱいのすり替えとして指をしゃぶる。これをすり替え充足と呼んでいます。お母さんがおっぱいをくれれば、子どもは満たされる。またお腹すいてきたとき、言葉をもってないので、言葉を使う代わりに、泣くという行為でお母さんをコントロールする。お母さんは赤ちゃんにおっぱいをあげれば泣き止んで、お母さん自身は私がいないとこの子は生きていくことができないと実感する。他者から必要とされる必要を満たすことで存在意義を確認する。赤ちゃんは赤ちゃんで、オギャーと泣くとお母さんをコントロールできると思う。この基本的信頼関係が最初の共依存関係だと言われています。

元々、人間は生理的早産で生まれくるので、他者のケアがないと死んでしまいます。オギャーオギャーって何の感情かっていうと怒りです。自分の要求を満たしてくれって言う「怒り」の表現。それをお母さんはちゃんと満たしてくれる。満たしてくれることで、その人の中の愛着形成ができてくる。しっかりとした基本的な信頼関係の基盤ができてくる。ただこれを大人になってやっちゃうと、まずいですよね。

私がオギャーオギャーって言って、僕の欲求を満たしてくれって。そこで、お母さんがおっぱいをあげる。自分で自分の欲求は満たすことができるのに、怒りで周囲をコントロールしようとする。子どもから親への家庭内暴力や、一部の引きこもりなんかはこの典型例ではないでしょうか。

人間はそうやって口（言語）を介していろんな嗜癖問題を表現してる。例えばセックスも口が関係するし、摂食障害も口ですし、タバコ、アルコール、薬物も口が関係する。実は嗜癖行動と口ってすごく親和性があります。

櫻井　指しゃぶりって、胎児の頃からやってますよ。吸いダコをつくって生まれてくる赤ちゃんもいます。胎児期は哺乳の練習でもあるのでしょうね。

斉藤　もしかしたら口っていうのが、こころの穴と繋がっているもので、それを指でふさぐというのが、一番最初のアディクションという解釈なのかもしれません。

櫻井　指しゃぶりはお腹すいてなくてもしますからね。お腹すいてるのと指しゃぶりはそれほど関係がありません。

斉藤　寂しいとかですか？

櫻井　寂しいとか愛情不足とか、過去にはそう解釈されていましたが、今は否定されています。遊びの一つとしてだったり、暇だからやったりしているという説もあります。

斉藤　「癖」のカテゴリーですね。

櫻井　癖でよいと思います。

斉藤　やはり嗜癖行動に近いですね。

櫻井　そうですね。やる子とやらない子、激しい子と軽い子とがいます。母乳栄養で暇さえあれば、おっぱいをしゃぶっている子は、指しゃぶりがそれほど激しくない場合が多いです。

斉藤　これをフロイトは、「オートエロティシズム」と呼んでいて、人間が最初に経験するソロプレイは指しゃぶりが原点であるとも言っています。

櫻井　ソロプレイの第一段階は指しゃぶりということですね。

第4章

「人間関係」の距離感をつかむ

性加害者への性教育を通して、著者のお二人が共通して感じたことがあるといいます。それは、他者との距離感への違和感です。他者との距離が近すぎたり、あるいは遠すぎたりしても、人はよい関係を築くことはできません。他者とよい関係を築くためには、何が必要なのでしょか。お二人は、そのことについて、突き詰めていくと、生まれた直後からの「家族」との関係に行き当たるのではないかと語ります。

性について突き詰めていくと「人間関係」と「家族」に行き着く

斉藤　第2章で見た通り、我々の多くは多分にAVの影響を受けてます。前戯から始まって、男性の場合、最後射精に至るところまで、AVのストーリーを繰り返し見てるので、「そういうものだ」と思いこんでいます。私たちの多くは、お父さんとお母さんが性交しているの見てきたわけでもありませんので。

だから、AVで誤学習する前にきちんと適切なカリキュラムを経るというプロセスがあれば、セックスのことで過剰に苦しむ人も減るのではないかと思いますが、性教育ではこうしたカリキュラムはあるのですか?

櫻井　人権教育です。ユネスコなどの国際団体が、セクシュアリティ教育に関係する研究と実践を踏まえて、「国際セクシュアリティ教育ガイダンス」を2009年に発表しています。

これはいわゆる包括的性教育の「世界的な指針」のようなもので、2018年に改訂版が出ています。そこでは扱うキーコンセプトが8つ示されていますが(次頁参照)、1つ目は「人間関係」です。そして、1-1として「家族」が挙げられています。家族にも多様な形がある、家族は協力し合うものだけれど、そうできないことも、したくないときもある、などなど、多様な家族の形についても触れられています。私は、人間関係は、出生直後から始まっていると思います。新生児の心地よい触れあいとか心地よい関係性など、体験を重ねた先に、性的な関係性があるのだと思います。

人との触れあいを「気持ち悪い」と感じる性加害者

櫻井　生まれたときから、心地よく触れあう、丁寧に扱われる体験はすごく大事だと思います。愛着形成ができていると、他者との関係を築きやすいと感じます。

愛着形成が不安定だとバウンダリー（自他境界線）を引きにくくなるとも言われています。バウンダリーは最近よく耳にするようになりましたね。

そもそも愛着障害のある人は、身近な誰かからバウンダリーを侵害された経験をしていることもあります。自分のネガティブな体験を他人にもしてしまうこともあるということですね。ネガティブな体験をそのときすぐに誰かに癒してもらえたら、他者へ向かうことが少なくなるかも知れません。

キーコンセプト①	人間関係
キーコンセプト②	価値観、人権、文化、セクシュアリティ
キーコンセプト③	ジェンダーの理解
キーコンセプト④	暴力と安全確保
キーコンセプト⑤	健康とウェルビーイング（幸福）のためのスキル
キーコンセプト⑥	人間のからだと発達
キーコンセプト⑦	セクシュアリティと性的行動
キーコンセプト⑧	性と生殖に関する健康

プログラムで、誰もが、自らのからだに誰が、どこに、どのように触れることができるのかを決める権利をもっている「からだの権利」をテーマにしたときに、人と触れあって気持ちがいいと思ったことがないという参加者が結構いたのが印象的でした。

斉藤　そうですね。性加害者の中には、他者との体の触れあいが苦手な人がいます。また、痴漢や盗撮に対しては肯定的なのに、風俗で性行為をすることを「汚い」と思っている人もいます。

櫻井　かなりの人数で驚きました。「恋人同士になっても触れあうのは苦手」と言ってましたね。

小学生にからだの権利学習をしても、一定数そういう子はいます。「人の体に触れるのは気持ちが悪い」「動物だったらいいけど」と。コロナの影響もあってか他人との身体の触れあいに緊張感があるのかもしれません。

一方、プログラムでの参加者が言うのは、質的な違いを感じます。心地のよい触れあいの積み重ねが足りないのは、性の問題をつくりあげる要素の一つかも知れないと。これと性的な暴力との関連を結び付けるのは乱暴かも知れませんが、一つの要素である気がしています。

加害者家族に多い「母子密着で父親不在」というモデル

櫻井　ＮＨＫのＥテレの番組で共演したことがある関西学院短期大学の小山顕先生は、バウンダリーとアタッチメント、ボンディングの関係性について研究されています。小山先生は、親子の愛着とは、離れるために形成するものだとおっしゃっていました。

斉藤　私もその意見は同意です。

櫻井　私はその話を聞きながら、プログラムの参加者のことをずっと考えてました。プログラムでは冒頭に近況報告をしますが、母親の話題を出す人がすごく多いですよね。

他で出会う大人世代の方々と話していて「母親」の話題になることはあまり経験していません。特別なテーマがあれば別ですが。

斉藤　一緒に住んでいなくても母親の話をします。

櫻井　同居していなくても、亡くなっていても、近況の中に出てきますね。帰省した月とか、特別な出来事があって、話題にあがることはあるでしょうが、そうではないですもんね。親子の愛着が、やがて離れるために形成されるものだとしたら、プログラム参加者は、充分に愛着形成されなくて、満たされない思いを今も抱えているため、離れられずに話題にあげることが多いのか、と結び付けて考えていました。

斉藤　圧倒的に多いモデルは、「母子密着（過保護・過干渉）で父親不在」です。これは、シングル家庭だからという理由ではありません。クリニックでは、性加害者の「母親の会」もやっていますが、やはりそこでも密着度は強いです。もちろん過去に事件を起こしているので、より心配になるのはわかるのですが。
そして、だいたいみんな父親の悪口言っている。母親を通して夫婦関係や父親と息子との関係性が見えてきます。ここに来ている母親たちは、その大半が父親のこと諦めている。今さら父親に息子と向き合えと言っても無理だし、戦力にはならない。だから「私が何とかしないといけない」という思いが母親側には強くあります。

櫻井　なるほど。そういう光景、見たことある気がします。

斉藤　「共依存」、あるいはそれに近い関係の親子が多いですね。目標は、先ほど出た小山先生がおっしゃる通り、安心して捨てられる親になることです。クリニックでプログラム参加者を見ていると、母親に対して「私が出ていったら、この人どうなっちゃうんだろう」と心配している加害者が多い。今は「毒親」といった都合のいい言葉もありますが、ずっと母親が「こなきじじい」のように背中にへばりついています。子どもたちが「もう私たちいなくても、お父さんお母さんは大丈夫」といった安心感を得て、早く家から外の世界へ旅立ってほしい。
実はこれ、私たち援助者も同じです。患者さんから安心して捨てられる援助者が私はいい援助者だと考えています。ずっと「あなたがいないと駄目」という関係性は共依存関係に近く、結果的にそれはよき回復の伴走者ではない。

櫻井　私は母親の会を見たわけではないのですが、自分の人生を生きてないというのは、当事者だけでなくて、その母親も同じなのかもしれませんね。子どもに依存する女性たちは、自分より子ども、子どもがすべて、夫には不満を持ちながら耐えて忍んで直接言えない。

斉藤　わかります。諦めてる感じですね。もうコミュニケーションをとるのをやめてしまっています。

櫻井　そして、成長し大人になった子どもにも言えなくなる。先日、私と同世代の人たちと話していたときの話題です。近所に新しくドーナツ屋さんができ、お子さん（と言ってももう大人です）がそこへ行くというのでお金を渡して送り出したと。お子さんはお店でドーナツを食べて戻って来たそうです。彼女はドーナツを買って来ることを期待して待っていたんです。でもお土産はなかった。とても憤慨していたのですが、それをその場で言えなかったと。私なら「お土産待ってる」と言って送り出すだろうな……と思いながら聞いていました。

斉藤　多分、母親の会に出たら、櫻井さんはカルチャーショックを受けると思いますよ。みんな言うべきことを、言うべき相手に言えず、言い方は悪いですが、事件のことを思い出して泣く参加者が大半です。

まずは親が自分の人生を大事にすること

櫻井　世代もあるのかもしれません。私たち世代の女性は、「自分の人生を自分で生きよう」と言われてません。家庭に入ったら仕事をやめるというのが当たり前で、社会の設計もそうなってたので。私は、自分の人生を生きると決めて助産師になったし、開業しました。でもこれはとても恵まれた環境や人との出会い、あと、体力があったためです。それが許されない人、叶わない人もいます。

斉藤　確かに、それはあるかもしれないですね。翼を折られてきたんですね。

私の中での子育てのゴールは、少し比喩的に言うと後ろ髪引っ張られることなく「今までありがとう。お母さんもお父さんも元気でね」と言って潔く出ていってくれるのが目標です。そのための秘訣は何かと問われると、これはシンプルで、夫婦がコミュニケーションをしっかりとって、喧嘩もするけども、「ごめんね」といって仲直りしたりとか、お互いが助け合ったりとか、時にはできなさ加減を見せたりとか、そんな夫婦関係があれば子どもは自然と安心して家の中で育つと考えています。そういう子どもは心おきなく、親を捨ててくれるようになると思います。

櫻井　子どもにとって両親は一番最初に出会う身近なモデルですね。ロールモデルが安定していれば、そこを目指して成長できます。それが心の安定にもつながると思いますし、例え家を物理的に出ていかなくても—例えば介護など様々な理由で同居するとしても、それぞれが自立しているのが理想だと思います。

それにしても、不思議なのは、プログラム参加者は母親については饒舌にしゃべるのに、父親については語りません。

斉藤　基本的に、お父さんの話は出てこないです。性加害者の多くは「父親という不在」なる問題を抱えています。もしくは、不在という特権性に無自覚な有害な父親が家庭にいます。

櫻井　子どもの愛着形成のために父親の役割は重要だと思います。今は育休をとる父親が増えて来て、産後の家庭に父親が存在していることが多くなりました。ただし、全く準備なく、育休をとるだけではトラブルの元になることもあります。父親の育休が明けて出勤したあと「ほっ」とする母親にも出会います。考えてみると新生児育児を学ぶチャンスはほとんどありません。出産準備クラスで取り組むのはせいぜい沐浴演習、これもまた問題ありありで。すべての物品を用意してもらって、絶対泣かない、そして健康で具合がよい前提のお人形の赤ちゃんを、昔ながらのベビーバスに入れるだけ。これが育児の代表であり、これさえできれば「ヨシ」と思うのか、皆こぞって沐浴演習をやりたがります。しかし現実は、家事をこなすことが重要な役割です。沐浴じゃない。家事すべての行程には準備と後片付けが必要ですから、それを、ちょこちょこ泣く赤ちゃんのお世話をしながらこなすんです。その生活の戦力になるつもりで準備して育休をとってほしいものです。「お昼まだ？」と食事が出てくるのを待っている方もいらっしゃる、全く悪意はなく。でも、そんな方が育休とられて家にいたら、邪魔でしかないです。

斉藤　邪魔な父親（笑）。

櫻井　子どもの育ちには、自分を世話してくれる特定の人の存在が必要です。養育者と子どもの関係が安定していると、満たされながら成長することができます。

フランスで実践されている「子どもの最初の1000日プロジェクト」（参照記事「朝日新聞グローブ」https://globe.asahi.com/article/15023133）というものがあります。妊娠4か月から子どもが2歳半になるまでの1000日が、子どもの発育や人間形成に重要だと専門家の研究によって明らかになったこと と、「子どもは社会の子」という考えが基本にあるのですよね。これは、実の親に限らず、養育者が安心して子育てできるように、専門家が介入し支援していく取り組みです。

3日に一回助産師や小児看護師、心理士などのケアが受けられて、育児について学ぶことができるそうです。日本だと、まず母子を密着させようとします。母親に責任を負わせる考えが根強いです。母親が育児の全てを担うなら、他の家事とか、手続きだとかから解放されて、育児に集中できるとよいですが、実際はそれらも全て産んだばかりの人に押し付けられていることが多いです。これはしんどい。家事ってほとんど復旧作業じゃないですか。

斉藤　そうですね。現状復旧メインですね。

櫻井　復旧作業は地味なんですよね。喜びが少ない。家事の中で喜びがセットなのは料理ですね。「おいしい」って言われて、感謝されたら、報われる。

斉藤　ですね。

櫻井　だから、お料理がんばる父親たちはわりといます。でもその後の現実です。復旧作業になったとたんの消極態度。その後に現実が待っています。この飛び散った油は誰が掃除するのか？ 山のような食器は誰が洗って拭いて片づけるのか……昔の情景が浮かび、具体的に不満が噴出してきました（笑）。

フランスの取り組みには真似したいところがたくさんあります。安定した育児のためには誰か一人に負担を背負わせないことが重要だと思います。

家族の関係は多様です。それぞれが幸せと思える関係を築けるといい。プログラムの参加者は、一つの要因で加害を犯すことはないにしても、家族関係や成育歴に何かしらの課題を抱えていると感じます。先ほど話した「愛着形成」の件も。

斉藤　この点は上手に表現しないといけないんですけど、家族関係に何かしら問題があるから必ず子どもが加害者になるというわけではなくて、大きく見たときの「傾向」があるということですね。

櫻井　ここで紹介しているプログラム参加者の発言は事実ですが、一般化はできませんからね。

子育てをしている人に伝えたいのは、育児しながらも自分の人生を生きることが大事だということです。誰であっても、自分の人生を生きるのは大事だと思います。これを育児中は忘れがちだし、遠慮しがちなんですよね。私もそうでした。

家族であっても寄りかからず、主従関係にならず、できるだけ対等でありたいです。わが家では、誰かが料理をして、レンジが油まみれなら、「これ拭いて下さい」と言えます。けれど、主従関係になっているとは言えないですよね。言えないで不満を抱えてる人も多いと思います。

子どもとの関係も同じだと思います。子どもも一人の自立した人格ですから。小さな頃は大人と同じことはできませんから、それに手を貸すのは当たり前です。でも、できることが少なく、保護しなくちゃいけない存在だからといって人格を傷つけることはあってはならないです。私自身ができてたかどうかって聞かれたら、不安しかないですが。

斉藤　私の胸にも刺さりまくっています（笑）。でも、どの家庭もぶつかりながらやってるんじゃないですかね。

家族でも自立した個人として尊重し合うというのが、基本的で重要なステップだと思います。「私は妻に対して無力であり、別人格である彼女のことを変えられないことを認める」というところから関係性が始まる。今言った、自分が無力であることを認めるというのは、依存症治療のファーストステップなのですが、人間関係においても適用できる気がします。

やはり身近なところにいる人は、自分の思うように変えたくなってしまうもんです。子どもに対しても、愛情という大義名分のもとに自分の価値観や生き方を押し付けてしまっているかもしれない。そういう足元の部分を見つめてみるという問いかけが重要だと思いました。

子ども時代に必要なことを経験することの重要性

櫻井　国際セクシュアリティ教育ガイダンスの1の1は「人間関係」だと言いました。ただ、人間関係は本来机の上で学ぶものではなくて、多くの経験の中で体得するものだと思います。これが子どもの頃から積み上がっていくと安定します。子どもの頃に獲得しておいたほうがよいものを大人になってから獲得するのは、相当な努力と支えが必要になります。ケガや病気もそうですね。子どもなら、なんてこともなく順調に回復するケガや病気も、大人になってからだと命取りになることもあります。

これは表現が難しいのですが、健康な養育者が、周囲に助けてもらいながら健康な子どもを育てるなら、大変さはありますが、何とかやりとげられます。しかしそもそも課題を抱えている状況や子ども自身にも課題がある場合なら、社会からの重層的なケアが必要で、これには人手と時間と場所と予算が必要です。そしてより早く手を打ったほうが人手も時間も場所も予算も必要幅が少なくて済むと思うのです。もしくは予防的に介入できればもっと少なくて済みます。日本は予防にお金をかけない国ですが、その辺り、見直しが必要ですよね。そして安定した状況で子どもが子どもらしく過ごすことも重要だと思います。子ども時代に獲得する様々なもの、ケガや病気による免疫もそうですし、子ども時代にしかできない体験によって得られるものはその後の人生の糧になります。

これができなかったら全てうまく行かないと言うつもりはないですが、子どもも「今の時間で自分の人生を生きる」権利がある。子どもの権利条約の4本柱「生きる権利」「育つ権利」「守られる権利」「参加する権利」これを保障したいですね。

斉藤　そうですね。そして、子ども時代に必要な経験ができないまま依存症になってしまった大人に、そうした役割を果たしているのが、自助グループです。家庭内で得られなかった経験、例えば抱っこがちゃんとしてもらえなかった人は、自助グループの中で仲間からのハグとか、分かち合いをして同じ体験を得て、「生き直し」をしていくことになります。それはすごく時間がかかります。

櫻井　でしょうね。「生き直し」はできなくないですけどね。時間と手間はかかりますね。

斉藤　そもそも、自助グループが安心できる場だと信じるようになるまでもすごいかかります。そう思えるようになる人のほうが少ないですから。そういう意味では、本当は家庭でしっかり親からホールディングされ育っていくっていうのが一番望ましいのですが、すべての家庭でできるわけではないので、悩ましいところです。

子ども時代に自然に「自助グループ」を経験しておく

櫻井　やはり、教育の場が必要になりますね。例えば自助グループでもやるような「自助」や「自治」を経験する場があるとよいと思います。コミュニティの中で自分たちでルールを決めて、行動を決定していく経験です。

斉藤　話し合いながらということになりますね。大人になってから急にやろうとしても、できないことです。

櫻井　安全に配慮しながら大人ができるだけ介入しない保育を実践している幼稚園や保育園がありますす。3歳ぐらいでも子ども同士で相談しながら創作などができますし、5歳ぐらいだと結構しっかりしたこと考えて話し合ってまとめることもできる。もちろん、うまくいかないこともたくさんあるでしょうが、任せることで、子どもたちがだんだん自信を身につけていく。そういう取り組みをしている園の成果発表を聞いたことがあります。進行はちぐはぐでしたが、子どもたちのパワーが素晴らしかったです。こうやって育っていったら、何かしら嫌なことがあったときに声を上げたり、反撃したりすることもできるんだろうなと思いました。

一方で、大人がそこに口挟んで指示を与えちゃうと、子どもはそれに順応して、自分で考えなくなってしまいます。大人が口出しすると時短になるし仕上がりもよく、感動を誘いやすかも知れませんが。

斉藤　自助を促すためには、一回立ち止まって見守らなくちゃいけないんですよね。これは依存症業界では「タフラブ」と呼ばれています。依存症の自助グループも支援者が主体になるのではなく、依存症の当事者がみんなで役割を決め、まさにフラットな関係をつくって運営します。コーヒーを入れる人、会場をつくる人、アナウンスをする人など、みんな役割をやります。決まった役割を「素面」でやっていくっていうことがすごく大事です。自助グループは、そういう意味では典型的な「自治」の組織です。

櫻井　自分たちで運営することで、自立的な行動を身につけるのですね。

斉藤　「セルフヘルプグループ」ですので、まさにそうですね。ここで運営されているモデルは、「言いっぱなし聞きっぱなし」「秘密保持義務」「自分の話をする」というシンプルな3つのルールです。これらが、性教育などいろんなところで適用されると社会も変わるのじゃないかなと思います。

「言いっぱなし聞きっぱなし」は、考えるとすごいことなのです、日本のミーティングは、基本的に「話し合い」や「ディスカッション」が多いじゃないですか。そこから生まれるものもあるのですが、やはり話し合いで人から割って入られたりとか、かぶせられたりとか、否定されたりとか、そういうものは体験として結構わだかまりが残ります。一方で、言いっぱなし聞きっぱなしは、話している人は、みんなに集中して聞いてもらえる経験が得られます。聞く側は集中して聞く経験ができます。話したくないときはパスすることができます。このモデルは、世界中にひろがっていますが、私は20世紀のアメリカが生み出した最大の発明だと思ってます。だから、私はみんな1回は依存症を経験し自助グループに入ったほうがいいと思うんですけど（笑）。

櫻井　依存症とホームレスの経験は、必須ということですね（笑）。心に刻んでおきます。「言いっぱなし聞きっぱなし」というのは、家庭や学校でもやってみるといいかもしれませんね。

女性の月経を理解できる男子を育てる

櫻井　助産師としては、男性が月経について知ることも人間関係を円滑に保つために大切なことと言えます。月経は体調にも精神・心理面にも大きく影響しますから。家庭に月経のある人がいるなら、月経周期を共有する何らかの工夫があったほうがいいと思います。

斉藤　もう少し具体的に教えてください。

櫻井　わが家はトイレにカレンダーがあって、長女が初経を迎えてから、そこに月経が来た日に★印をつけるようにしてました。月経を家族に知られることを嫌がる人もいますが、うちは最初からそうしていたので、特に抵抗なく自然とできていました。すると、男性陣も月経という現象に気が付きます。

斉藤　すると男子も、日常から女性の体や健康のことを意識できるようになるかもしれません。

櫻井　これをやり始めると、男性陣から評価されたんです。やけにイライラしてる様子に「何かやらかしたのかな」と、ハラハラ数日過ごしていたら、カレンダーに「★がついて、自分がやらかしたんじゃない」と胸をなでおろしたんだと（笑）。

当時わが家は男女3：3で、長女が★マークを付け始めたとき次男は4歳でした。姉を真似してトイレのカレンダーに★印いっぱいつけるようになったり（笑）。そのときは意味がわからず★印をつけていたのですが、この取り組みから現在もパートナーの月経周期を知っておくのは大切と理解し、月経管理アプリで周期を共有しているようですよ。

斉藤 いいですね！ 男性側には、そういった周期的な身体の大きな変化がありません。女性側の月経周期を理解することで、関係性は確実により円滑になると思います。

櫻井 家庭内で練習できてると、パートナーとの間も簡単なんですよ。

斉藤 うちは毎月妻が直接言ってきますね。最初の3日間ぐらいしんどいよ、サポート多めにというメッセージだと思っています。でも、夫婦間でも、男性に月経のことを知られたくない女性はいませんか。

櫻井 いますいます。特に父親に知られたくない女子は多いと思います。無理はしなくてよいと思いますが、一つの取り組み、アイディアとしてお伝えしました。私は月経前のイライラと月経痛が酷かったので、カレンダー見て配慮してほしかったんです。まあまあ効果はあったと記憶しています。

斉藤 家族がオープンで身体のことを知るのはいいですね。

櫻井 隠し立てすることじゃないですから。「この印は何なの？」って、男子たちが聞いてきたときに、しくみの説明ができたりもします。学ぶチャンスにもなる。

斉藤　今後のカップルのタスクとして、あったほうがいいですね。

櫻井　次男のように、カップルで月経管理アプリで周期を共有している場合もあるようです。メンタル面のサポートやデートプランを立てるときの参考にしたり、避妊や妊娠の早期発見にも役立ちます。ちなみに大学生カップルは、ピル代をひと月おきに男性が払うこともあるようです。

第5章

セックスを自己決定する力をつける

成長するに従い、多くの子どもたちは、性に興味をもつようになります。それは、悪いことではなく、自然なことです。セックスしたいと思い、実際に行動に移す子どももいます。かつては、セックスはしてはならないという「純潔教育」も多く見られましたが、著者のお二人は、自己決定することができるようにする性教育が必要ではないかと、それぞれの立場から述べます。

櫻井　このエピソードは本人から許可をとった上でお話します。娘が高校生のときに、明らかに月経が遅れていた月がありました。パートナーがいるのは知っていて、時々うちに遊びに来ていました。そのときは明らかに月経が来ていないのに、何も相談してこない。しびれ切らして「生理きてないよね」って聞いたんです。そしたら泣き崩れて、「気づいてると思ってたけど言えなかった」って。「そうだよね。なかなか親には言えないと思う。それはしかたない。ただ私は妊娠検査が必要だと思っている。どう？」と聞きました。彼女も必要だと思っていたと話してくれたので、私が買ってきた妊娠検査キットで検査しました。

検査する前に、「もし妊娠していたら産むか産まないか決めなくちゃいけない。今の段階ではどう思ってる？　あとで気持ちが変わってもよいけど、今はどうしたいか確認してから検査しよう」と。彼女の返事は「産めない」でした。彼女の意思を尊重し、人工妊娠中絶を受ける場合の段取りについて簡単に話してから検査して……結果、妊娠反応は陰性でした。だいぶ月経が遅れてから検査したのであまり考えられませんが、着床の時期がずれていることもあるので、一週間経って月経が来なかったらもう1回検査をして、陰性だったらホントに安心しようと話しました。その後、すぐに月経がきました。安心すると来ること多いです。

娘には、今回のような不安を抱えないためにもより確実な避妊法について考えていこうと提案し、パートナーとも共有するよう勧めたのですが、自分からは「言えない」と。こんなに不安で恐怖で心細かったのに、「言えない」という現実。

斉藤　それは相手に嫌われたくないとかそういうことですか。

櫻井　関係が壊れちゃうという心配があったんでしょうね。「私が言うのはいい？」と聞いたら、すかさず「それはやめて」と。そりゃそうですよね。

娘とは「言わない」と約束しましたが、彼に何も伝えないでいられず「私の知ってる高校生が妊娠したかもしれなくて、死ぬほど心配して妊娠検査を受けて、結果、妊娠はしてなかったんだけどね。そのことを彼には言えないって言うんだよ。どう思う？」と別の子のエピソードとして伝えました。彼は神妙な面持ちでした。おそらく私が伝えたかったことは感じ取ってくれたのではないかと思います。これ、本邦初公開のエピソードです。

斉藤　多くの男性にとってはセックスの終わりは射精ですけど、女性にとっては次の月経が来るまで終わらないわけですね。

櫻井　その通りです。避妊しないのは、性加害の一つです。そして、１００％の避妊法はないので、避妊しても次の月経が来るまで女性はずっと不安です。お互いに妊娠を望んでいないのであれば、男性はノーセックスか、コンドームを最初から最後まで確実に使うこと、これしかできないんです。

あとは次の月経が来るまで不安そうなら寄り添うこと。これは夫婦であっても同様です。

セックスしてよい基準はどこにある？

斉藤　包括的性教育では、何をどこまで理解できたら、セックスしてよいかといった基準はあるのでしょうか？　例えば、以前私が指摘したように、スマホをもつ前に最低限のことを学ぶとか、アダルトコンテンツにアクセスしても鵜呑みにせずに自分できちんと情報を選択できる力が備わっているとか、アダルトコンテンツの内容はお互いに同意してやる分にはいいけども、フィクションであると切り分けられて見られるとか。さらに自分にパートナーができたときに、きちんとコミュニケーションとって性的同意を理解した上で性行為するといったことなどです。例えば、理想的なプロセスというのは存在していますか？

櫻井　私は海外の事情にそこまで詳しくないのですが、フィンランドやスウェーデン、オランダなどでは、低年齢から性教育を段階的に学んだ上で、性交同意年齢に達したら、「もうあなたたちにセックスする権利がある」と伝えられると聞いています。SRHR＝性と生殖のための健康と権利（151頁参照）の保障ですね。

斉藤　それは宣言するのですか？　大人から伝えられるのですか？　例えば、日本だと性交同意年齢である16歳になった段階で、親とか大人から、「あなたはもう自分で性行為をするかどうか決定する権利がある」みたいなことを伝えられるということしょうか？

櫻井　スウェーデンは、性交同意年齢が15歳です。それまでに性について様々なことを学習して、性交同意年齢に達したら、「どういうセックスを選ぶかは、あなたの自由です。必要があったら避妊や、性感染症を予防するアイテムはユースクリニックにあります」と教えられるそうです。ユースクリニックとは、スウェーデン発祥で、13歳から25歳の若者が、看護師や助産師やカウンセラーに無料で相談できるクリニックです。スウェーデンには２５０ヵ所以上あるそうです。学校の授業でユースクリニックの見学に行く時間があるため、ユースたちはみなその存在をよく知っているそうです。

世界では、避妊がほぼ無料でできたり、人工妊娠中絶も権利として認められ安全に少ない負担で選択できたりする国もあります。その上で、自分でセックスをするかどうかを決めます。

斉藤　２０２３年７月の刑法改正まで、日本の性交同意年齢は13歳

各国の性交同意年齢

16～18歳	アメリカ（州により異なる）
16歳	イギリス、カナダ、韓国（2020年から）、台湾
15歳	スウェーデン、フランス（2021年から）
14歳	ドイツ
13歳	日本（2023年から16歳に）

でした。学校の先生を含めて、多くの人が知らなかったようです。いつから自分の自由意思で性交していいか、性的自己決定権ということばの意味も含め、日本人のほとんどは理解していない、考えていないということです。

櫻井　知らないです。今も知らない人は多いです。

斉藤　学校の先生だけじゃなくて、クリニックの加害者家族支援グループに来る人も含めてほとんど知りません。2023年に法改正になり、取り上げられたので「16歳ですよね」という人が微増しましたが、刑法改正の議論になる前の段階の性交同意年齢はほとんど知られていませんでした。ですから、先ほどお話にあった、16歳になったら、「あなたは相手と性交為したいかどうかを決めることができる年齢なんだよ」と伝えることは、大事だと思いますね。

櫻井　同感です。はっきり伝えることは必要ですよね。これは法律ですからね。

斉藤　それを当たり前に、文化にしていくためにも、やはり包括的性教育が必要です。

櫻井　私はそう思っています。今現在、学校の性教育は、非常に狭い範囲に限られています。「何歳から性教育って必要なんですか」とよく聞かれます。本来、性教育は、人権や多様性、ジェンダー平等が基盤のとても広い概念です。人が誰かとともに幸せに生きるための教育ですから、つまり生まれたときから必要なものだと思います。胎児期から大切にされることを含めたら生まれる前からですね。人として知っておいたほうがいいことばかりです。

斉藤　そうですね。櫻井さんは、性交同意年齢についてはどのぐらいの年齢が現実的だと思いますか？　16歳になったら、性を子どもに渡すという感じですか？

櫻井　年齢で区切るのは難しいですね。性交同意年齢になったら急に「どうぞ」は乱暴だと感じます。その前から着実に知識と態度、スキルを学べることが重要です。可能性と選択肢を知って、選択できる力を身につけられて初めて「同意」ができると思います。そしてどんな選択をしてどんな結果になっても、サポートがあると理想的だなと思います。自分で選択した結果が意図せぬものだったとき、「自己責任」と切り捨てるのは悲し過ぎます。でも、そんな時代がいつ訪れるかは分かりません。現段階では「性教育」って聞いただけでアレルギー反応起こす人もいます。

斉藤　呼び方変えた方がよいですね（笑）

櫻井　それは、たくさんの人が一度試みてみるんですよね。「性教育」という言い方がネガティブに働く原因の一つですので。ライフ、ライフ、ライフ……、「ライフネット生命」？

斉藤　「ライフスキル教育」だったと思います（笑）。

失敗してもよいというメッセージも必要

斉藤　呼び方って、ささいなことですが、非常に大切なことだと思います。なぜなら、名称はイメージに直結するからです。実は、依存症業界でも同じような問題を抱えているんです。薬物乱用防止教育の中でスローガンとされている「ダメ。ゼッタイ。」や「覚醒剤やめますか？　それとも人間やめますか？」がその代表例です。このメッセージには、一度失敗した人間を「ダメ」と決めつけてしまうという問題があります。このメッセージが、いまだに人々の認識の中に刷り込まれていることで、多くの薬物依存症当事者は社会から孤立して、苦しんでいます。これでは、日本にはいつまでたってもリカバリー・カルチャー（依存症から回復を続けている人たちがつくる、回復を肯定的にとらえ応援する文化）は根付きません。

櫻井　「失敗したら人生おしまい」と思っていると、とてもつらいです。『10代のための性の世界の歩き方』でも書きましたけど、私は看護学生時代に妊娠しました。妊娠がわかったとき、親も学校の先生も反応はとても冷ややかで、私は「人生終わった」と本気で絶望しました。なかったことにしたくて、お腹の子を危険にさらすようなこともしました。「学生の分際で妊娠してごめんなさい」とずっと肩身を狭くして、産むかどうかを迷って、最終的に産むと決断して産院を受診したとき、助産師さんが「妊娠できたことって素晴らしいことだよ。おめでとう」と笑顔で声をかけてくれて、それで私は前に進むことができました。当時の私にとって、妊娠は想定外の「失敗」でした。でも、失敗したからと言って人生が終わるわけじゃない。性教育講演でこうしたメッセージを伝えています。

斉藤　精神科医の松本俊彦先生は「ヤバいやつは抱きしめろ」にしたほうがいいんじゃないかとお

っしゃっていました（笑）。そして、現在話題になっている映画『アディクトを待ちながら』の公式HP（https://www.addict-movie.com/）では、「ダメ。ゼッタイ。」にかわる新しいスローガンを募集していて、選ばれた作品を表彰するというキャンペーンを行っていました。クリニックのプログラム参加者も、このキャンペーンにはスタッフとともにエントリーしました。こういった草の根的な活動は増えてきたにせよ、なかなか定着しません。いまだにロータリークラブなどが「ダメ。ゼッタイ。」を推している現実もあります。

薬物乱用防止教育にもいろいろな流派があります。自己治療仮説やハームリダクションに理解のある支援者が考える王道のラインは、「ダメ。ゼッタイ。」は、依存症患者を孤立させ、社会から排除し、それが彼らの回復阻害要因になるので変えたほうがいいという主張をしています。しかし、「ダメ。ゼッタイ。」教育信奉者は、日本の違法薬物使用者が世界とくらべてこれだけ少ないのは、この教育のお陰だと主張しています。厚労省によると、アメリカ人の生涯薬物使用経験率（大麻）は約44％（2014年）で、日本は1.4％（2017年）程度です。周囲に違法薬物を使用してる人いますか？って聞かれても大抵の日本人は思い浮かびませんよね。

櫻井　はい。私の周辺では聞いたことはありません。

斉藤　でも、海外でこの質問すると「親が使用経験があります」とか「私も友人も使用経験があります」と答える人がざらにいるのです。

日本人が一回目の薬物使用に手を出さないのは、「ダメ。ゼッタイ。」教育のおかげというよりは、日本人はもともと遵法精神があり、身近に使用者がいないのが理由だと思いますが、両者のパワーバランスは拮抗しています。しかし、長年依存症業界にいる私としては、やはり「ダメ。ゼッタイ。」という考え方は「孤立・排除」につながるので、当事者の回復阻害要因となると考えています。

外野から見ていると、今の日本の性教育は何だか「ダメ。ゼッタイ。」のほうにバランスが傾いているように見えます。

「不幸にしないための性教育」ではなく「幸せになるための性教育」を!

櫻井　わかります。一昔前までの性教育は、確実に「ダメ。ゼッタイ。」でしたし、さっき言ったように、私も学生で妊娠したときに「終わった」と思いました。現在も、そうしたメッセージが強いように感じます。

2022年から文部科学省と内閣府が連携して「生命の安全教育」をはじめました。「生命の安全教育」は、「子どもたちが性暴力の加害者、被害者、傍観者にならない」ための教育です。とても大事なことです。でも、プライベートゾーンやプライベートパーツ＝水着で隠れる場所と口は、勝手に触らせちゃダメ、見せちゃダメ、他人のも触っちゃダメ、見ちゃダメ、という、「ダメ。ゼッタイ。」の連続なのです。

生命の安全教育を否定するつもりはないですが、禁止抑制的メッセージだけを繰り返し言われ過ぎるのはどうなんだろうか？　と思います。最近では性的同意アプリもあります。もちろん「対等であること」や「非連続性」「非強制性」「明確性」の確認は大事です。これらを記録しておくことで安心ならばよいとは思うのですが、アプリで管理するのは味気ない気がするのは古い感性なのでしょうか。必要なのは管理よりコミュニケーションだよな、と。距離をとりなさいと言われ過ぎて満員電車に乗れなくなってしまった障害児・者のケースが報告されたこともあります。

禁止抑制、脅しの性教育は、効果がないことはすでにわかっています。効果がないだけじゃなく、困ったことがあったとき、相談しにくくなります。性教育は本来、不幸にしないためのものではなく、幸せにするためのものですので。

斉藤　内側の概念を変えていかないといけませんね。「性教育」と聞くと、多くの人が大体同じようなことを想像しています。

櫻井　先ほども話したように、性教育をどう呼ぶかは、本当にいろんなところで議論されてきました。しかし、みんな試みて大体諦めてきました（私の周辺の話しです）。「国際セクシュアリティ教育ガイダンス」が広まり、メディアも少しずつ取り上げるようになってきました。とても広い概念だということは、ちょっとずつ浸透しているようです。

斉藤　根本的に意味づけを変えるようなネーミングとして、私としては性教育の師と言えば櫻井裕子ですので、一層のこと「櫻井裕子」に変えてしまってはどうでしょうか（笑）。

櫻井　笑。プログラムで「からだの権利という考えを知っていれば、自分ここにいなかったかもしれないです」と言った参加者がいたことは、前にも述べました。

斉藤　「からだの権利教育」という名称はメッセージ性があっていいように思います。

櫻井　ガイダンスのキーコンセプトの4は「暴力と安全確保」です。先ほども触れましたが、その中で、からだの権利とは、誰もが自分の体の誰がどこにどのように触ることができるのかを決める権利を持っていると書かれています。

斉藤　この考えを、性加害者だけではなく、クリニックに通っている他のアディクションの人たちも一緒に聞いてもらったのでしたね。

櫻井　参加者の一人が「からだの権利」という言葉を初めて聞いたとき、「誰もが自分の体に誰がどこにどのように触ることができるのかを決める権利を持っているっていうことを知っていたら、ここにいなかったかもしれないです」と声かけてくれたのです。知っていたらやらなかったという単純なものではないと思います。それでも、彼にとって大事な気づきであったのだろうと感じられましたし、それを教えてもらった私も、からだの権利について学ぶのは大事なことだと思った瞬間でした。

斉藤　「触っちゃダメ」より、「からだの権利教育」のほうが他の依存症の人たちにも伝わっていましたね。

櫻井　はい。実際の伝わり具合を知ることができた貴重な機会でした。

「ゼロトレランス」と「ハームリダクション」

斉藤　やや歴史的なことになるので、本筋からはズレるかもしれませんが、性教育と依存症からの回復は全然違う分野であるにも関わらず、その根底がとても似ています。依存症問題には「ゼロトレランス（不寛容）」と「ハームリダクション（寛容）」の2つの考え方があって、それぞれを支持する人がいます。

いわゆる「ダメ。ゼッタイ。」はゼロトレランス。薬物を使うことは絶対ダメだし、薬を使う個人が悪い、手を出す人が悪いという考え方です。究極の自己責任論です。

それに対して、ハームリダクションは薬物による害を減らしていこうという考え方。こちらは人に焦点が当たっています。薬物があったから生き延びることができた、つまり薬物が必要な生き方の人もいて、薬をやめさせることじゃなくて、その人の背景にある「生きづらさ」に焦点を当てます。薬物使用という行為を罰するのではなく、その人自身の背景を理解しどう支えるのかということに重きを置いてます。

そして、依存症の業界の今のトレンドワードは「ハームリダクション」です。性教育でも同じような論調がありますよね。櫻井さんは、性教育講演でゼロトレランスとハームリダクションという言葉は使いますか？

櫻井　使わないですね。私は斉藤さんから聞いて初めて知って、焦って急いで調べました（笑）。でも、似てるなと思いました。性教育も、「禁欲」「禁止」「抑制」や脅しの教育の歴史が長くありました。妊娠しないためにセックスしちゃダメというのが、「ダメ。ゼッタイ。」ですね。

斉藤　依存症業界も長らくそうでした。要は、断酒一辺倒でやめることが至上命題で最重要。まず酒を断つこと。もしくは、語弊を恐れずにいうと、酒をやめさせることに重きが置かれてきました。それだと、援助者との関係性が対等ではなく主従関係、そして共依存的になりやすいんですね。周囲も、飲む・飲まないにこだわってしまって、その人自身が見えなくなってきます。まさに、木を見て森を見ない状態、病を見て人を見ない状態。援助者が今日飲んでるか、飲んでないかばっかりにとらわれてしまい、なぜその人が飲まざるを得ないのか、その人の背景にある「痛み」が全然見えなくなってきます。

でも、最近はちょっと変わってきています。周囲が、酒を飲む・飲まないという二元論をまず手放そうというふうに変わってきて、酒を飲んでるか飲んでないか、薬物を使ってるか使ってないかは一旦置いておいて、その人自身をまずちゃんと見よう、関わろうというふうに変わってきてるっていうのが依存症業界の流れです。

櫻井　性教育も似たような流れで、「純潔教育」はずっと長く続いてきました。純潔教育は女性たちの性行動を制限するような意味合いが濃いものだったと理解しています。女性の婚前交渉を禁止し、男性は対象外だったようです。

そういう時代から、今や「SRHR＝性と生殖に関する健康と権利」が広く提唱されています。SRHRは新定義が発表され、女性の権利が明確に示されています。ハームリダクションが「寛容」であるなら、SRHRとは少し考えが異なるかも知れませんが、自己決定権がその人本人にあるというところは共通です。そしてゼロトレランスと対局にあるのは確かです。

ただ、まだまだ「寝た子を起こすな」派は厳然と存在します。でも、寝た子がスマホで起こされたらどうでしょう。目覚めてすぐに暴力的な性情報をシャワーのように浴びることになる。日本福祉大学教育・心理学部の伊藤修毅先生は「寝てる子は科学的にやさしく起こしてあげないと」とおっしゃっていました。

斉藤　つまり、性について、子どもに機会や選択肢を与えない。自己決定の主体が、ゼロトレランスの場合は、当事者にないわけです。ハームリダクションの場合は、当事者主体です。性教育も同じですね。

櫻井　そうですね。

斉藤　ハームリダクションは薬を使う・使わないも、その人が選びます。薬を使いながら何とか生き延びている人もいるので、それはそれで尊重します。もちろんやめたいと思う人は、やめるためのサポートをします。やめたくてもやめられない人は、そのしんどい状況をきちんとサポートします。全部当事者主体でやっていくのが基本です。

櫻井　違法薬物であっても、そうやって自分で決めるのですか？

斉藤　そうです。日本の薬物政策は海外に比べるとある意味遅れてる面もあります。私は実際にハームリダクションが見たくて、新婚旅行でオーストラリアを選びました。

現地では、例えばトイレに入ると、洗面所みたいな手を洗うところの台に、茶色い小包が積み上げてあります。中には新しい注射器、そして分別するゴミ箱も置いてあって、使った注射器は捨てるようになっている。それと、注射器が入っている袋の中には、コンドームと医療機関や自助グループへの電話番号も入ってます。薬物を使用するなら、使いまわしをせず新しい注射器を使い、HIVやB型肝炎の感染リスクがあるので薬物使用者はコンドームを使うように、さらに、やめたい人は病院や自助グループにアクセスしてくださいねという愛あるメッセージが書かれています。これがハームリダクションの基本的な考え方です。

「覚醒剤やるんだったら、安全にやってくださいね」という考え方は、ゼロトレランスしか知らない人にとっては、強烈なインパクトですよね。でも、いわゆる薬物汚染のパンデミックが起きて困難な状況に追い込まれる「底つき」を経験した国は、こうしたハームリダクション政策に移行していってます。薬物が大量に出回って、使用者が増え、取り締まりを強化して刑務所に入れるといった従来型の政策だと、刑務所の予算が膨れ上がって国としてもたないという現実に直面します。そんなときに、薬物問題に関わる専門家が集まり「これどうしたらいいんだろう」と真剣に議論した結果、取り締まるのはやめて薬物使用者個人に目を向けて対策を考えようという当たり前の結論に行き着く。それよりも薬を使うという生き方を認めて、その方向でサポートする方法を考えようとなった。すると、数年後には薬物乱用者や感染症の患者が減っていきました。

櫻井　減るんですか。

斉藤　驚くべきことですよね。一番有名なのはポルトガルの政策です。ポルトガルは２００１年に全ての違法薬物を「非犯罪化」しました。「非犯罪化」と「合法」は違って薬物自体は法的には禁止されています。ただ、非犯罪化なので、少量の所持や使用では捕まらない。大量の薬物をもっていたり、輸出入したりすると捕まりますが、個人が少量の薬物を使用するのは、日本で言うと、未成年の人がお酒飲んだり歩行者が信号無視をするという感覚が近いかもしれません。

そもそも日本はそこまで違法薬物が蔓延していません。今は、取り締まることが出来ない薬物（処方薬・市販薬など）のユーザーも全体の約半数をしめています。薬物使用者がどんどん増えて、ハームリダクションの政策に転換するのがいいかと言えば、そもそもそれ以前に蔓延して欲しくはないわけです。ですから、その国の状況に応じた対策が必要ではないかと思います。

ただ、日本人一般の依存症の当事者たちに対する考え方は、はやり共存ではなく排除の傾向がまだまだ強いので、「不寛容」です。自分が依存症に罹患する側になることはほとんど想定していません。私も身内にアルコール依存症者がいて、治療につながらずに亡くなりましたが、日本はまだまだ依存症になってしまった人たちにとっては生きづらいし、カミングアウトしづらい社会だと思います。

だから性教育にハームリダクションの哲学を取り入れるのはいいと思います。特に、男性側に避妊の方法や性的同意をベースとしたセックスについて学ぶことができる機会があれば、望まない妊娠や、暴力的な性行為、それから性犯罪だって減る可能性はあるんじゃないでしょうか。

櫻井　改めてＳＲＨＲ＝Sexual and Reproductive Health and Rightsつまり「性と生殖に関する健康と権利」が保障されること、「包括的性教育」が学べることは重要ですね。

第6章

誤った「男らしさ」を手放す
——父から息子たちの手紙

著者の斉藤章佳氏は、中学生と小学生の二人の男子と幼稚園児の女の子を育てる父親でもある。本章では、そんな斉藤氏が、加害者臨床家としての知見から、自分の子どもたちに伝えたいことを、手紙形式でまとめたものである。そのメッセージの核は、「男らしさに囚われない」＝「パワーゲームから下りる」ということである。

絶っておきたい「世代間連鎖」がある

君たちには折にふれて話しているからよく知っていると思うけれど、私は、たくさんの人の生きづらさに出会い、他者を様々なかたちで傷つけてしまう課題を抱えた人の生き方を変える作業を手伝う仕事をしている。加害者臨床という仕事だ。

朝早く夜は帰宅が遅いけどこの仕事をしていると、親から子どもへと生きづらさが連鎖することは、とても多いことを実感している。例えば、わが子に虐待をしている親は、幼い頃に親から虐待を受けていたという人もいる。父親が母親に暴力をふるうのが日常だった家庭に育った男性が、自分が家庭をもってまた同じようなＤＶ加害者になることもある。貧困、ネグレクト（育児放棄）、心理的虐待、身体的虐待、性的虐待、アルコールや薬物依存などは、「世代間連鎖」をすることがあるので、とても困難な課題だ。

この本のテーマは、「性的同意」を大切にする子どもを育てることなのだけど、これに関して父である私は、君たちへの「世代間連鎖」をさせたくないと思っていることが2つある。それは「男尊女卑」や「男らしさ」の価値観にとらわれること、それから、性について語る言葉を封じられることだ。今日は、この本の紙面を借りて、これらのことについて、君たちと考えたいと思って、筆をとっている。ちょっと難しい言葉も出てくるかもしれないけど、できるだけやさしく語ってみたつもりだ。もしも今、理解できなかったとしても、そのうち「うちの父親は、こういうことを言ってたのか」と実感するシーンにきっと遭遇することになるのではないかと思う。なぜなら、ここに書いていることは、日本の社会を蝕む「病理」と言ってもよいからだ。私たちの世代でできるだけ解決しようと頑張ってきたのだけど、まだまだ根強い病理と言ってもいい。このことで、しんどい思いをしている子どもたちがいるならば、大人の力不足で申し訳ないと思う。でも、こうやって、どうにか解決しようと奮闘している大人もいることが伝わり、君たちの勇気につながればいいと思っている。

空気のように当たり前になっている「男尊女卑」

１つ目の「男尊女卑」や「男らしさ」から語ろう。男尊女卑とは、文字通り、男性を尊び、女性を卑しむことだ。昭和ならいざ知らず、令和の今の社会で、「男だから偉い」と表立って言う人はあまりいないだろう。学校だって、男女混合名簿で、「ジェンダー平等」が建前になっているはずだ。メディアやＳＮＳなどでは、「ジェンダー・ギャップ」の解消を求める声も増えているので、逆に「女尊男卑」になっていると怒りの声をあげる男性もいるほどだ。

でも、数字を見れば、日本の社会はまだまだ「男尊女卑社会」であることは明確な事実だと分かると思う。世界経済フォーラムは、経済、教育、健康、政治の分野ごとのジェンダー・ギャップ指数を算出している。これによると、2024年の日本の順位は、146か国中118位。先進国の中では最低ランクだ。

分野ごとに見ると、「教育」と「健康」の値は72位と58位なのだが、経済は120位で政治は113位というありさまだ。経済では、女性の労働参加は徐々に増えてはいるものの、管理職は圧倒的に男性が多く、ジェンダー平等指数は17.1%。指導的役割の6人中5人は男性。政治では日本の国会議員における女性の割合は11.5%しかない。

実は、比較的男女平等に見える分野である「教育」だって、大学院を含む高等教育や理系分野での男女の就学率には差がある。先般、とある私立医科大学の入学試験で、女子受験生をわざと一律減点していたことが判明し、大きく批判された。この大学の関係者は、こんなことをした理由について、「女子は卒業後に結婚や出産で医師を退職することが多いから」と述べたのだけど、性別という自らの努力で変えることができない属性で、不利に扱われることがあっていいのだろうかと感じる。例えば、君たちが将来海外に留学したいと思ったとして、そこで日本人だから、あるいは髪や目の瞳の色が黒いからという属性だけで、入試で一律で減点されたらどう思うだろうか。

こうしたジェンダー・ギャップがある事実が意味することは何だろうか。それは政治や経済、あるいは組織の中で意思決定に関わったり中心的な役割を果したりする女性がまだまだ少ないということだ。女性の抱えている問題意識や実態などが、政治の場や職場で反映されづらく、ときには、問題そのものすら「ない」とされることもある。

はっきり言っておこう。日本の社会には、「男尊女卑」はまだまだたくさん存在する。しかも、それは諸外国よりも根深い形で、仕組みや制度の中にすでに内包されていて、当たり前の「空気」のように存在している。そして、私も君たちも、その空気を吸って、吐いて、生きている。まず、このことを自覚しなくてはいけないと思う。

君たち男子が履かされている「ゲタ」

もし、自分の身の回りではジェンダー・ギャップは存在しない、見たり聞いたりしたことがない、そんな空気なんて吸ったことがないと思ったのだとしたら、それは、君たちが男性という「ゲタ」を履かせてもらって、不利益を被った経験が少ないからかもしれない。男性であるというだけで、自動的に優位性を与えられている「特権」。意識することもなく当たり前のように与えられているので、余計に気が付きにくいのだ。

「日本は男尊女卑社会だ」と言うと、一部の男性から、「女性の政治家がいないのは、女性が厳しい政治の世界に向かないからだ」「女性管理職が少ないのは、性差ではなくて、優秀な女性がいないからだ」という反論が寄せられることがある。でも、こうやって反発や反論する彼らだって、実は男性に「特権」が存在することに、うすうす気が付いている。それを認めてしまえば、優位な立場を手放さないといけないため、一生懸命否定しようとする。彼らは「私は女性を大事にしている。女性を下に見たことなどない」と言ったりすることもあるのだけど、それは表面的なもので、態度や行動では思いっきり女性を見下してることもある。

具体例を挙げよう。私が勤めているクリニックでも、スタッフの性別によって、態度が変わる男性患者さんは少なくない。男性スタッフに対しては丁寧な口調で話しかけるのに、女性スタッフに対してはため口で、ふんぞり返ったような態度で接する男性患者さんを度々見かける。もしかしたら、君たちの学校にも、体や声の大きい男性の先生の前ではおとなしくしているのに、女性の先生に対してはからかったりバカにしたりする生徒はいたりするのではないだろうか。

接客する側が男性で、女性客と男性客に対する態度が違うということもある。例えば、夫婦で住宅や車など、高額なものを買いにいくと、店員さんの多くは男性を「ご主人」、女性を「奥さん」と呼び、男性をメインターゲットにして営業トークを繰り広げることが多い。男性が経済的な決定権を握っている家庭が多いからだ。

家庭内での役割分担だって、なぜか性別で分けられていることが多い。総務省の調査によると、1日の中で家事や子育てに費やす時間は、女性が7時間28分なのに対して、男性は1時間54分しかない。先ほど、女性の労働参加は増えていると言った。もし、女性が仕事をするようになっているのに、男性の家事や育児が進んでいないとしたら、女性の負担ばかりが大きくなっているということにならないだろうか。

男性という「ゲタ」を履いていると、女性であるというだけでこうした不利益をこうむったり、悔しい思いをしたりしている人がいることに、なかなか気が付けない。そして、「痛い」という声をあげている女性に、平気で「痛くないよ」と見て見ぬふりをして、ますます傷つけてしまう。

「ゲタ」を履き続けることのつらさ

ここまで聞いて、君たちがもし、「男子でよかった」「ゲタがあってラッキー」と思ったのだったら、それもまた間違いである可能性があることも指摘しておかなくてはいけない。なぜなら、この「ゲタ」は決して歩きやすい履物ではないからだ。無自覚に「ゲタ」で女性や弱い立場の人を踏みつけて、その痛みを感じることなく生きている人もいる一方で、男性の中にはこの「ゲタ」を履くのがつらくて、足にあわなくて、苦しい思いをする人もいる。

たとえば、男尊女卑の社会では、男性はごくごく幼い頃から「男らしさ」や「強さ」を押し付けられて育つ。おもちゃでも男の子はミニカーや電車のおもちゃ、怪獣の人形などを与えられることが多い。多少「わんぱく」なことをしたとしても、周囲の大人はそれを「男の子っぽい」と受け止め、ときには目を細めて喜ぶことだってある。一方で、人形やおままごとで遊んでばかりいたり、ピンクやかわいいものが好きだったりすると、「男の子なのに、大丈夫かな」と心配され、「外で遊んでおいで」とけしかけられることもある。性別に関係なく、男の子だって、おうちの中で穏やかに遊びたい子や、かわいいものが好きな子はいるはずなのに、それが許されないことがあるのだ。あるいは、進路だって男子だったら理系に進むべきと期待されたり、社会に出れば稼いで家族を養わなければ一人前の男じゃないと言われたりすることもある。男尊女卑の社会は、女性を抑圧するだけでなく、男性に大きなプレッシャーをかけ、競争を強いる社会でもある。

ここで、父である私の話をしておきたいと思う。今、ここで偉そうに君たちに日本の男尊女卑の状況を語っている私も、実は、子ども時代から、どっぷりとその空気を吸って、「ゲタ」を履いて育ってきた。しかも、生まれた瞬間からだ。昔の日本は、嫁いできた女性は、家を継ぐ男子を産むことを期待されていた。こうした風潮自体、女性を一人の人格ではなく、子どもを産むための道具のように扱うことだと思うのだけど、昔の日本はそんな考えが主流だったのだ（今も、そんな考え方を述べて、顰蹙を買う政治家などがたまにいるけど）。そんな時代に私の祖母、つまり君たちの曾おばあちゃんは、３人の子どもが全員女子で、親戚や近所の人から白い目で見られてつらい思いをしたことがあったらしい。だから、孫の私が家を継げる男子であると分かったときには、祖父母は天皇陛下がいる方角に向かって万歳三唱をして、涙を流して喜んだと何度も何度も聞かされた。

そんな昭和のごく普通の家庭で育ったから、「ジェンダー」などという言葉なんて、もちろん知らないまま育ってきた。男尊女卑なんて、意識したこともなかった。10代から20代の前半までは、サッカーにどっぷりつかって、プロ選手を目指していた。そこで経験したのは、いわゆる体育会系社会やルールの中の激しい競争だった。そこは、男らしく、強く、様々な痛みを我慢しなければ生き抜けない社会だ。負けることは許されず、弱みを見せたり脱落したりしたら、その人間は男としての価値がない。だから、高校で両膝をケガして手術をしたときは、人生の終わりだと思って、本当に絶望した（プロをあきらめたときの顛末は60頁のコラムに書いたから、興味があったら開いてみたらよい）。

その後、何とか自分を立て直した私は、ソーシャルワーカー（精神保健福祉士と社会福祉士という国家資格を取得）として、国内最大規模の依存症専門のクリニックで依存症の臨床に携わるようになった。でも、そこでも私は、体育会系の考え方から抜け出せず、「他人に弱みを見せてはいけない」という考えに支配されていた。アルコール依存症の患者さんたちと接しながら、自ら陥ったのは、「ワーカホリック（仕事中毒）」。長時間労働は当たり前で、誰よりも早く職場に来て、一番遅く帰る。自宅にも仕事を持ち帰った。休日出勤を打診されれば躊躇なく承諾し、休みなんていらないと思っていた。やがて、心身が限界に達して、肋間神経痛や喘息発作などの症状が出たのだけど、限界を続ければ限界は突破できるという意味不明な精神論で猛烈に仕事を続けた。なぜなら、仕事をしていなければ、自分の存在価値がなくなるのではないかという不安や恐怖に襲われ、休めなくなっていたからだ。今になって振り返れば、それはある意味自傷行為のようなものだったのかもしれない。

アルコール依存症や薬物依存症などは、進行性の慢性疾患で死に至る病だ。でも、生きづらさを抱える患者さん自身は、長期的には死に向かっているが、短期的にはその日を生き延びるために、それに依存しなければいけない。だから依存症の治療では、「なぜその対象に依存する必要があったのか」ということに向き合うことから始まる。例えば万引きが止まらなくなる窃盗症の治療では、窃盗症という病気の知識や万引きをしないためのスキルも必要になるのだが、万引きに依存するようになった理由、つまり、生きづらさの根っこの部分を理解し、そこと長年付き合っていく必要がある。

私がワーカホリックに陥った理由は、やはり家父長的な実家で長男として生まれ、他者と競い合う体育会系の社会で育ち、「有害な男らしさ」に囚われていたからだと思う。男は安易に弱みを見せてはいけないと思っていた。痛みに耐えてこそ男だと思っていた。そんな私を見越したのか、社会人1年目のときに当時の上司から「1日3回は必ず職場で『助けて』と言いなさい」と命じられた。これは業務命令だったが、最初は、なぜそんなことを言わないといけないのか理解できなかった。「人に頼るのはみっともない」「仕事ができないと思われたくない」という否定的な感情もあり、

ＳＯＳを出すのには強い抵抗も感じた。

一方で、体育会系で育った私にとって、上からの命令は絶対で、どんな無理難題でも従わなくてはいけないものだった。いやいやながら、1日3回のＳＯＳを出し続けた。依存症からの回復のために耳の痛いことも言う新人ソーシャルワーカーの私に対して、ベテランのアルコール依存症患者さんたちは「訴えてやる」「夜道に気を付けろよ」「働けなくしてやるよ」など、いろんな脅し（試し行為）をしかけてきた。上司の指示がなければ、そんな難しい患者さん対応でも、私は意地でも自分一人で対応しようとして躍起になり、抱え込み、きっと大きな事故につながるような失敗をしていたに違いない。特に一番言葉にするのが難しかったのが「わからないので教えてください」だった。でも「助けて」が素直に言えるようになると、見る見るうちに仕事がスムーズに進むようになって、周囲のスタッフが私を気にかけてくれるようになった。弱さをオープンにすることで、私は難しい患者さんに対応するための「強さ（勇気）」を手にいれることができた。「助けて」と言う勇気を持つことを、このときに学んだ。

パワーゲームから下りる

そんな経験を経て、私は今、「男らしさ」への拘りを手放し、何とかワーカホリックの手前くらいで留まれている。パワーゲームを勝ち抜かなければいけないという考えからも徐々に脱することができたので、仕事は忙しいが、わくわくすることが多くこの年になってやっと楽しめるようになってきたので気持ちとしては大分楽だ。家庭をもって子どももできて、女性から過剰によく見られようということもあまり思わなくなったし、40歳を過ぎてからはカッコつけたいという気持ちもなく等身大の自分でいることができるようになってきたので、本当に生きるのがラクになった。かつてのように、誰よりも早く来て、一番長く仕事をしないといけないという考え方はもうさらさらない（ただ、早起きは相変わらずで忙しいのは変わらないけど）。

男は勝ち続けなくてはいけない。強く、たくさんの女性とセックスし、周囲の男性からうらやましがられることこそが、「勝ち組」である。そんなふうに男らしさを誤って解釈し、自分を大きく見せることばかりに執着し、道を踏み外してしまった加害男性が、私のクリニックにはたくさんやってくる。

2018年、ナンパの仕方を指南する「リアルナンパアカデミー」に所属する男性たちによる女性への性的暴行が発覚し、逮捕される事件があった。メンバーは、「塾長」という男性が指導するナンパ術をマニュアル通りにこなしていて、男性同士でナンパに成功した数を競い合っていたという。仲間からの賞賛を浴び、歪んだ承認欲求が認められ、自尊感情を刺激されていたのだと想像できる。彼らは、女性をどのような存在だと見ていたのだろうか。恐らく、対等な人間だという認識が欠けていて「モノ化」していたのではないかと思う。これも、男尊女卑社会の弊害だと思う。

君たちは今、サッカーやゲーム、恋愛に夢中だ。一生懸命になれることがあるのは、素晴らしいとだと思う。でも、もし、仲間内、あるいは大人から、「男らしくあれ」「男なら泣くのを我慢しろ」といった声かけがあったら、従わなくていい。無理しなくていい。男らしくあるというのは、人から押し付けられることではないし、もしも、自分で男らしくありたいと思ったのだったら、どんなことが「男らしい」のかを、自分なりに考えて、追求していけばいいからだ。世間の求める「男らしさ」の型に自分を押し込めないで、自分らしくあってほしいと思う。

性のことを語ってこなかった父親

「男らしさ」に加えて、もう一つ、君たちに、私と同じ経験をしてほしくないことがある。いや、正確に言えば、私が経験できなかったことを、君たちに経験してほしいと思っている。それは、父と子で、性や恋愛について語ることだ。私の父、つまり君たちのおじいちゃんと私は、性について、一切語り合うことがなかった。今はもう認知症になってしまったので、これから先も語り合うことは不可能で、叶わないだろう。そして恐らく、性について語ったことがないのは、きっと私の父だけではないだろう。ほとんどの日本の父親は、子どもと性について、真正面から語り合ったことはないのではないかと思う。

私と弟が生まれたのは、父と母が恋愛してお互いの性的欲求が高まりセックスをしたからで、それは全然恥ずかしいことではないし、当たり前のことだ。しかし、世代もあってか、父は息子である私に、性や恋愛に関することは一切話すことはなかった。それが今となっては寂しいと思うし、性や恋愛について悩んだ思春期に、身近な父にざっくばらんに聞けたら、どれくらい楽になれたかとも考える。

私が初めて精通を経験したのは、中学生の頃だった。夏祭りの日で、女子も来るので、一番お気に入りのシャツを着ていた。当時ACミランにいたフリットという憧れのサッカー選手の顔がでかでかとプリントされたものだ。それまで一度も自慰行為をしたことがなかったのだけど、その日は初めて精通に至り、シャツのプリント顔にかかってしまい、一張羅をダメにしてしまった。相手は生身の人間ではなかったが、まさに「顔射状態」で、とても衝撃を受けて、微妙な罪悪感にさいなまれてしまった。

罪悪感を感じてしまったというのは、やはり、性についての学びがほとんどない状態で経験したため、感じたことではないのだろうかと思っている。だから私は、自分の経験を今こうして正直に伝え、例えば君たちに将来恋人ができて、性行為をして失敗する経験や、悩みなどを、父親に伝えられる関係にできればと思っている。もちろん、私から無理やり聞き出すようなことはしない。私の失敗を知った上で、もしも、話したくなったら、こっそり言ってもらえればいい。こんな父子関係は、きっと日本では珍しいだろうし、賛否両論も呼ぶかもしれない。

まあこれはワーカホリック気味である父による、一つの「社会実験」だと思って、もしよければ、話してもらえればと思う。

強くなるより賢くなれ

この言葉は、依存症の人たちが回復するための自助グループで古くから使われている言葉だ。この言葉を深く考えると、真の強さとはどんなものか、おぼろげながら見えてくると思う。大分簡略化した説明になるけれど、依存症治療では、自分がどんな状態に近づくと、再発のリスクが高まるかを明確化していく。そして、問題行動の引き金となるようなものに遭遇したときに、適切な対処や回避行動がとれるように、トライ&エラーを繰り返しながら、反復練習する。これをコーピングというけれど、つまるところ、自分の「失敗集」をつくっていくのだ。

自分の意志を強くしようとするのではなくて、自分の弱さを理解して、危険を避ける努力をすること。そして、その弱さを信頼できる仲間と共有すると、人は、必要なときに適切な助けを求められるようになる。本当に強い人というのは、こうした行動がとれることだと私は思う。

弱みを見せず、強がって生きるのはつらい。強がろうとすることで、他者の人格を踏みにじってしまうようなことだってある。それよりも、弱さを認めながら賢く、そして他者と手を取り合って、同意を大切にしながら、行動できるようになってほしい。

数多くの自助グループに関わってきた父からの助言として、覚えておいてもらえるとうれしい。

おわりに

2022年9月17日（金）最初のプログラムの日、私は新しい世界に踏み込む期待と、不安と緊張に包まれていました。斉藤章佳さん（通称ぶちょー）のご著書をほとんど読破していたので「性犯罪の加害をした人像」に誤解や偏った先入観を持っていないつもりでしたが、全くゼロではなかった自分の偏見も確認する、そんな初日でした。

このプログラムは前例がなく「とにかくやってみるしかない」と、当初は完全に手探りでした。あれから丸2年、他の場所では扱わないようなユニークなテーマにも取り組んで来ました。学校等での講演と違い、対話的に進むプログラムでは予定した通りにならないことばかりです。それによって発見すること、気づくこと、鍛えられることが多く、この2年は自分の価値観が多いに揺らぎ変容しました。また事後のフィードバックの時間は依存や加害した人の回復の道のりについて学ぶ機会にもなっています。この時間はさながら1対1の個別指導塾のようです。関連書籍や動画等のご紹介をたくさん頂くので、我が家の本棚と検索履歴は様変わりしました。

斎藤ぶちょーはプログラム開始前から「いつかは本にまとめましょう」とおっしゃっていました。有言実行、わずか2年でそのチャンスが訪れたことを大変嬉しく思っています。ひとえに企画から編集まで多くの行程を手掛けて下さった時事通信出版局の大久保昌彦さんのおかげです。心より感謝申し上げます。最後に、私に多くの気づきを与えてくれるプログラム参加者のみなさん、これからもプログラムに参加し、仲間と繋がり対話し、共に学び合いながら「今日一日」を大切に過ごして下さい。私もそうありたいと思います。そして「性教育」の時間には私をその場所に混ぜて頂きたいと願っています。

2024年12月　櫻井裕子

櫻井裕子
さくらい・ゆうこ

性教育実践者

助産師／さくらい助産院開業。自身の妊娠・出産を機に助産師を目指す。大学病院産科や産婦人科医院などでキャリアを積み、現在、地域母子保健事業、看護専門学校非常勤講師を務めると共に、小中高大学生＆保護者に性に関する講演を年間100回以上行っている。また、思春期の子どもたちからの対面、電話、DM相談も多数受けている。著書に『10代のための性の世界の歩き方』（時事通信社）がある。

斉藤章佳
さいとう・あきよし

加害者臨床家

精神保健福祉士・社会福祉士。西川口榎本クリニック（埼玉県川口市）で副院長を務め、様々な依存症の臨床に携わる。現在までに3000名以上の性犯罪者の地域トリートメントに関わる。著書に『小児性愛という病―それは、愛ではない』（ブックマン社）、『子どもへの性加害―性的グルーミングとは何か』（幻冬舎新書）など多数。三児の父親。

性的同意は世界を救う
子どもの育ちに関わる人が考えたい６つのこと

2025年2月2日　初版発行

著者　斉藤章佳　櫻井裕子
発行者　花野井 道郎
発行所　株式会社時事通信出版局
発売　株式会社時事通信社
〒104-8178　東京都中央区銀座5-15-8
電話03(5565)2155 http://book.jiji.com
デザイン　大﨑 奏矢
印刷・製本　株式会社太平印刷社

ISBN978-4-7887-2010-7　C0037　Printed in Japan